Sonja Wagner

Harmonisierung der Rechnungslegung

Der Lösungsansatz
der informationsorientierten Kapitalerhaltung

Bachelor + Master
Publishing

Wagner, Sonja: Harmonisierung der Rechnungslegung. Der Lösungsansatz der informationsorientierten Kapitalerhaltung, Hamburg, Diplomica Verlag GmbH 2012
Originaltitel der Abschlussarbeit: Informationsorientierte Kapitalerhaltung unter besonderer Berücksichtigung des Gewinnausweises

ISBN: 978-3-86341-371-2
Druck: Bachelor + Master Publishing, ein Imprint der Diplomica® Verlag GmbH, Hamburg, 2012
Zugl. Fachhochschule Ludwigshafen am Rhein, Ludwigshafen, Deutschland, Bachelorarbeit, Juni 2012

Bibliografische Information der Deutschen Nationalbibliothek:
Die Deutsche Nationalbibliothek verzeichnet diese Publikation in der Deutschen Nationalbibliografie; detaillierte bibliografische Daten sind im Internet über http://dnb.d-nb.de abrufbar.

Die digitale Ausgabe (eBook-Ausgabe) dieses Titels trägt die ISBN 978-3-86341-871-7 und kann über den Handel oder den Verlag bezogen werden.

Inhaltsverzeichnis

Abbildungs- und Tabellenverzeichnis

I

Abkürzungsverzeichnis

Abb.	Abbildung
Abs.	Absatz
AHK	Anschaffungs- und Herstellungskosten
Aufl.	Auflage
betr.	betriebliche
BFuP	Betriebswirtschaftliche Forschung und Praxis (Zeitschrift)
BilMoG	Bilanzrechtsmodernisierungsgesetz
bzw.	beziehungsweise
DRS	Deutsche Rechnungslegungs Standards
ED	Exposure Draft
etc.	et cetera
EU	Europäische Union
evtl.	eventuell
FASB	Financial Accounting Standards Board
Fifo	First In First Out
GAAP	Generally Accepted Accounting Principles
GoB	Grundsätze ordnungsmäßiger Buchführung
GuV	Gewinn- und Verlustrechnung
h.M.	herrschende Meinung
HGB	Handelsgesetzbuch
Hrsg.	Herausgeber
IAS	International Accounting Standards
IASB	International Accounting Standards Board
IFRIC	International Financial Reporting Interpretations Committee
IFRS	International Financial Reporting Standards
Lifo	Last In First Out
m.E.	meines Erachtens
MA	Mitarbeiter
Mio.	Million(en)

Nr.	Nummer
OCI	Other Comprehensive Income
PiR	Praxis der internationalen Rechnungslegung (Zeitschrift)
S.	Seite
sonst.	sonstige
T	Tausend
Tab.	Tabelle
u.a.	und andere
Umsatzerl.	Umsatzerlöse
US	United States
vgl.	vergleiche
z. B.	zum Beispiel
ZfB	Zeitschrift für Betriebswirtschaft (Zeitschrift)
Zfbf	Zeitschrift für betriebswirtschaftliche Forschung (Zeitschrift)
ZfgG	Zeitschrift für das gesamte Genossenschaftswesen (Zeitschrift)

1. Einleitung

1.1 Problemstellung

Die Welt rückt immer mehr zusammen, denn weltweite Handelsbarrieren werden aufgegeben, Handelsbeziehungen erstrecken sich über die ganze Erde und beinahe alle Teile der Erdkugel sind miteinander über neueste Telekommunikationstechnologien vernetzt. Das alles sind Merkmale der Globalisierung, die seit einigen Jahren verstärkt voranschreitet. Sie birgt neue Chancen und zahlreiche Wachstumsmöglichkeiten für Unternehmen, aber zugleich geht ein intensiverer Wettbewerb mit ihr einher.

Auch vor der Rechnungslegung der Unternehmen macht die daraus folgende Internationalisierung nicht Halt. Dies drückt sich insbesondere in der wachsenden Bedeutung internationaler Rechnungslegungskonzeptionen wie den International Financial Reporting Standards (IFRS) aus. Nationale Systeme wie das deutsche Handelsgesetzbuch (HGB) werden immer mehr ins Abseits gedrängt. Dadurch befinden sich auch die seit 1967 europaweit harmonisierten Vorschriften zur Aufbringung und Erhaltung eines festen Kapitals unter Berücksichtigung eines gesetzlich vorgeschriebenen Mindestkapitals als Grundlage der bilanziellen Kapitalerhaltung in Gefahr. Der Kapitalschutz sollte hauptsächlich in haftungsbeschränkten Unternehmen die Gläubiger vor zu hohem Kapitalabfluss schützen.[1]

Mit der EU-Verordnung Nr. 1606/2002 im Juli 2002 wurde die Internationalisierung der Rechnungslegung maßgeblich vorangetrieben. Sie schreibt seit 2005 kapitalmarktorientierten Mutterunternehmen verpflichtend vor, ihren Konzernabschluss auf Basis der IFRS aufzustellen.[2] Charakteristisch für die IFRS ist ihre Investororientierung zur Bereitstellung entscheidungsnützlicher Informationen, welche grundsätzlich nicht mit dem nationalen Kapitalerhaltungssystem in Einklang zu bringen sind. Viele Fachleute haben über die Vorzüge und die Nachteile der beiden Konzeptionen diskutiert. Letztlich

---

[1] Vgl. Krapf, Jana; Schürmann, Jochen (2008): Solvenztest: Ausschüttungsbemessung und Gläubiger-schutz, Berlin, S. 7.
[2] Vgl. Pellens, Bernhard u.a. (2011): Internationale Rechnungslegung: IFRS 1 bis 9, IAS 1 bis 41, IFRIC-Interpretationen, Standardentwürfe, 8. Aufl., Stuttgart, S. 51.

ist m.E. jedoch eine Lösung anzustreben, die sowohl den Investoren als auch den Gläubigern, oder besser zugleich der Bereitstellung entscheidungsnützlicher Informationen und der Einhaltung der Kapitalerhaltung gerecht wird. Denn nur auf diese Weise können kapitalmarktorientierte Unternehmen von der Belastung durch die Aufstellung zweier Jahresabschlüsse, denen unterschiedliche Vorschriften (HGB und IFRS) zugrunde liegen, befreit werden. Zurzeit müssen diese Unternehmen in Deutschland einen Einzelabschluss nach HGB und den Konzernabschluss nach IFRS aufstellen.

Das vorliegende Buch wird die Wichtigkeit der Integration der Informationsorientierung und der Kapitalerhaltung in einem einzigen Jahresabschluss darlegen, Lösungsvorschläge aufzeigen und die präferierte Lösung der informationsorientierten Kapitalerhaltung genauer betrachten.

1.2   Gang der Untersuchung

Zum Einstieg in das Buch werden die Grundlagen zum allgemeinen Verständnis des Themas gelegt. Die Frage, wozu und für wen ein Jahresabschluss aufgestellt wird, wird geklärt. Die Adressaten des Jahresabschlusses haben verschiedene Interessen, die teilweise nicht miteinander vereinbar sind. Dementsprechend haben sich unterschiedliche Rechnungslegungskonzeptionen entwickelt, die durch deren Hauptinteressensgruppen maßgeblich geprägt sind. Dadurch lassen sich auch die grundlegenden Unterschiede bezüglich Bilanzierungsziele und -zwecke sowie zwischen den Rechnungslegungsprinzipien des HGBs und der IFRS erklären.

Nachfolgend werden neben den bereits in der Problemstellung genannten Gründen weitere Argumente für die Entwicklung neuer Rechnungslegungskonzepte dargelegt. Diese bestehen sowohl aufgrund der Defizite der bisherigen Konzepte als auch aufgrund der Wichtigkeit zur Harmonisierung der Rechnungslegung.

Das 4. Kapitel entwickelt zwei Lösungsvorschläge, die sowohl der Kapitalerhaltung als auch der Informationsfunktion innerhalb eines Jahresabschlusses Beachtung schenken.

Seit einiger Zeit wird der Solvenztest diskutiert, der neben dem informationsorientierten IFRS-Abschluss für eine Ausschüttungsbegrenzung der Gewinne sorgen soll. Eine weitaus bessere Lösung stellt das Konzept der informationsorientierten Kapitalerhaltung dar, welches in der Bilanz informationsorientierte Ansätze vorsieht, aber zugleich in der Gewinn- und Verlustrechnung (GuV) nur realisierte Gewinne zulässt.

Den Schwerpunkt der vorliegenden Arbeit bildet der Gewinnausweis der informationsorientierten Kapitalerhaltung, weshalb zugleich die Kapitalerhaltung mit in den Vordergrund rückt. Im HGB existieren bereits Grundsätze ordnungsmäßiger Buchführung (GoB) zur Kapitalerhaltung, welche im anschließenden Abschnitt auf ihre Anwendungsmöglichkeit in dem neuen Konzept geprüft werden.

Schließlich soll die Funktionsweise der informationsorientierten Kapitalerhaltung anhand von selbst konstruierter Anwendungsbeispiele verdeutlicht werden. Diese wird insbesondere bei der Bilanzierung von Grundstücken, von langfristigen Fertigungsaufträgen und von Mitarbeiter Know-how verständlich. Zu jedem dieser Themen gibt es ein praktisches Zahlenbeispiel, um Sachverhalte durch Aufstellung vereinfachter Jahresabschlüsse klar zu machen.

Besondere Beachtung in dem neuen Konzept findet der Ergebnisausweis, da es neben der GuV mit den realisierten Gewinnen einen zusätzlichen Ausweis unrealisierter Gewinne im latenten Ergebnis vorsieht. Das latente Ergebnis bildet die Brücke zwischen der informationsorientierten Bilanz und der ausschüttungsorientierten GuV. In Zukunft werden Gewinne des latenten Ergebnisses jedoch zu realisierten Gewinnen umgewandelt, was der Fachmann als Recycling bezeichnet.

Das Buch schließt mit einer kritischen Beurteilung der informationsorientierten Kapitalerhaltung sowie mit einem Ausblick auf die zukünftige Entwicklung der Rechnungslegung.

2. Grundlagen des Jahresabschlusses

2.1 Funktionen des Jahresabschlusses

Der Jahresabschluss soll den Interessen der Jahresabschlussadressaten (siehe Kapitel 2.2 Jahresabschlussadressaten) dienen, aufgrund derer sich seine drei Hauptaufgaben ableiten lassen:

- Dokumentationsfunktion
- Informationsfunktion
- Erfolgsermittlungs- und Zahlungsbemessungsfunktion[3]

a) Dokumentationsfunktion:

Der Jahresabschluss wird auf Basis der Buchführung erstellt. Diese sorgt dafür, dass alle Geschäftsvorfälle entsprechend der gesetzlichen Vorgaben chronologisch, systematisch und lückenlos aufgezeichnet werden. Geschäftsvorfälle beinhalten wirtschaftlich bedeutsame Vorgänge, welche zur Veränderung von Vermögen oder Schulden führen, wie z. B. Güterbewegungen oder Zahlungsvorgänge.[4] Die erste Funktion des Jahresabschlusses ist die Dokumentation sämtlicher Geschäftsvorfälle der abgelaufenen Abrechnungsperiode. Dadurch sind alle wirtschaftlichen Aktivitäten des Vorstandes kontrollierbar und er kann indirekt dahingehend beurteilt werden, ob er das Unternehmen gut oder schlecht geführt hat. Diese Funktion des Jahresabschlusses trägt ebenfalls zum Schutz vor Manipulation durch nachträgliche Änderungen bei.[5]

b) Informationsfunktion:

Ferner soll der Jahresabschluss seine Adressaten über den Verlauf des Geschäftsjahres informieren. Er erfüllt somit die Funktion der Selbstinformation der eigenen Geschäftsleitung sowie die Funktion der Information außenstehender Dritter im Rahmen der externen Rechenschaftslegung. Diese Funktion ist aufgrund der Schutzbedürftigkeit

---

[3] Vgl. Döring, Ulrich; Wöhe, Günter (2008): Einführung in die allgemeine Betriebswirtschaftslehre, 23. Aufl., München, S. 712.
[4] Vgl. Schultz, Volker (2011): Basiswissen Rechnungswesen: Buchführung, Bilanzierung, Kostenrechnung, Controlling, 6. Aufl., München, S. 11-12, 76.
[5] Vgl. Döring, Ulrich; Wöhe, Günter (2008), S. 713.

verschiedener (externer) Unternehmensinteressenten von Bedeutung. Dazu gehören die Anteilseigner, Gläubiger, Arbeitnehmer des Unternehmens als interne Adressaten, der Staat sowie die allgemeine Öffentlichkeit insbesondere bei Unternehmen mit besonderer wirtschaftlicher Bedeutung. Der Jahresabschluss unterrichtet seine Adressaten über die Vermögens-, Finanz- und Ertragslage des Unternehmens. Dabei gibt die Bilanz Auskunft über die Zusammensetzung des Unternehmensvermögens und die Herkunft des Kapitals.[6] Der Jahresabschluss muss im Rahmen der Informationsfunktion so aufgestellt werden, dass ein sachverständiger Dritter sich „ein Bild über die wirtschaftliche Lage und Entwicklung des Unternehmens"[7] verschaffen kann. Dadurch soll ihm die Möglichkeit gegeben werden, interessenswahrende Entscheidungen zu treffen, z. B. Entscheidungen über den Erwerb von Unternehmensanteilen.[8]

c) Erfolgsermittlungs- und Zahlungsbemessungsfunktion:

Des Weiteren soll mit dem Jahresabschluss der Erfolg eines Unternehmens periodisch ermittelt werden. Dazu stellt die Gewinn- und Verlustrechnung (GuV) Aufwendungen und Erträge gegenüber, wodurch sich der Gewinn oder auch der Verlust eines Geschäftsjahres bestimmen lässt. Durch die Feststellung des tatsächlich erwirtschafteten Gewinns ist eine Kontrolle der Leistungsfähigkeit des Unternehmens möglich. Nach dem Handelsgesetzbuch stellt dieser Gewinn den maximal ausschüttungsfähigen Betrag dar. Er dient daher als Grundlage zur Bemessung ergebnisabhängiger Einkommenszahlungen wie Dividenden- und Erfolgsbeteiligungen. An dieser Stelle kommt die kontroverse Frage auf, wie viel Spielraum dem Unternehmen bei der Ermittlung der Gewinnhöhe gelassen wird. Hierbei handelt es sich um das Thema Bilanzpolitik, welches, wie im Kapitel 3.1 erläutert, vor allem im Handelsrecht besonders umstritten ist. Die Gewinnverteilung an die Anteilseigner wird also auf Basis des Gewinns im Jahresabschluss vorgenommen. Darüber hinaus dient der Einzelabschluss nach HGB aufgrund

---

[6] Vgl. Schultz, Volker (2011), S. 11-12, 76 und Coenenberg, Adolf G.; Haller, Axel; Schultze, Wolfgang (2009): Jahresabschluss und Jahresabschlussanalyse: Betriebswirtschaftliche, handelsrechtliche, steuerrechtliche und internationale Grundsätze - HGB, IFRS, US-GAAP, 21. Aufl., Stuttgart, S. 16.
[7] Auer, Benjamin; Schmidt, Peer (2012): Buchführung und Bilanzierung: Eine anwendungsorientierte Einführung, 1. Aufl., Wiesbaden, S.17.
[8] Vgl. Moxter, Adolf (2003): Grundsätze ordnungsgemäßer Rechnungslegung, Düsseldorf, S. 4-6.

des Maßgeblichkeitsprinzips für die Steuerbilanz als Grundlage für die Ertragsbesteuerung des Unternehmens.[9]

Die Funktionen des Jahresabschlusses nehmen im HGB und in den IFRS eine unterschiedlich ausgeprägte Rolle ein, wie aus der folgenden Abbildung ersichtlich wird:

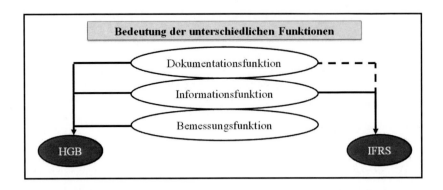

Abbildung 2.1: Die Bedeutung der Rechnungslegungsfunktionen im HGB und in den IFRS
Quelle: In Anlehnung an Althoff, Frank (2012): Einführung in die internationale Rechnungslegung: Die einzelnen IAS/IFRS, Wiesbaden, S. 24.

2.2 Jahresabschlussadressaten

Die Bilanzierungsziele und der Bilanzierungszweck der verschiedenen Rechnungslegungskonzeptionen hängen maßgeblich von den Adressaten des Jahresabschlusses ab. Daher werden sie an dieser Stelle genau identifiziert und auch deren Interessen sollen dargestellt werden.

Wie bereits im vorangegangenen Abschnitt erläutert, werden im Jahresabschluss die Geschäftsvorfälle festgehalten. Diese resultieren meist aus Geschäftsbezichungen mit Lieferanten, Kunden, Kreditinstituten, Arbeitnehmern und dem Staat. Diese Gruppen bilden zugleich einen Teil des Kreises der Jahresabschlussadressaten.[10]

---

[9] Vgl. Schultz, Volker (2011), S. 11-12, 77 und Döring, Ulrich; Wöhe, Günter (2008), S. 713-714.
[10] Vgl. Schultz, Volker (2011), S. 11-12.

Allgemein werden zwei Hauptgruppen von Jahresabschlussadressaten unterschieden: Die internen und die externen Jahresabschlussadressaten.[11]

a) Interne Jahresabschlussadressaten

Manager haben zwei verschiedene Ansprüche an den Jahresabschluss. Oftmals ist ein erheblicher Anteil ihres Gehaltes abhängig von ihrer Leistung und dem Unternehmenserfolg, die meist am Gewinn des Unternehmens gemessen werden. Daher liegt ein möglichst hoher Ausweis des Gewinnes in ihrem Interesse, um ihr eigenes Gehalt durch hohe Bonuszahlungen und Tantiemen zu maximieren.[12]

Zum anderen dient der Jahresabschluss der Geschäftsführung zur Selbstinformation. Neben der internen Rechnungslegung gilt er als Grundlage für unternehmerische Entscheidungen.

Die Arbeitnehmer sind ebenfalls interne Adressaten des Jahresabschlusses. Sie können daraus Rückschlüsse auf die Sicherheit ihres Arbeitsplatzes ziehen.[13] Ferner interessiert sie ihre Karrierechancen sowie die Möglichkeit von Gehaltserhöhungen. Ein gut florierendes Unternehmen mit einer konstant hohen Ertragskraft würde daher ihren Erwartungen entsprechen. Darüber hinaus gehören sie zu der Gruppe der Gläubiger, auf die im folgenden Abschnitt eingegangen wird.[14]

b) Externe Jahresabschlussadressaten

Zu den externen Bilanzadressaten werden alle Personen und Institutionen gezählt, „deren wirtschaftliche Lage durch die Entscheidungen der Unternehmensleitung beeinflusst werden kann".[15]

Die erste Gruppe von externen Jahresabschlussadressaten sind Gläubiger. Diese werden wiederum in Kreditgeber wie beispielsweise Kreditinstitute (Banken) und Leistungs-

---

[11] Vgl. Döring, Ulrich; Wöhe, Günter (2008), S. 712.
[12] Vgl. Weber, Jürgen; Weißenberger, Barbara E. (2010): Einführung in das Rechnungswesen: Bilanzierung und Kostenrechnung, 8. Aufl., Stuttgart , S. 17-18.
[13] Vgl. Weber, Jürgen; Weißenberger, Barbara E. (2010), S. 17-18.
[14] Vgl. Baus, Josef (1999): Bilanzpolitik: Internationale Standards - Analyse, 1. Aufl., Berlin, S. 18.
[15] Döring, Ulrich; Wöhe, Günter (2008), S. 717.

gläubiger wie Lieferanten und Arbeitnehmer [vgl. a) interne Jahresabschlussadressaten], die ihre Zahlungen erst einige Zeit nach ihrer Leistungserbringung erhalten, unterteilt.[16] Kreditgläubiger erwarten in erster Linie, dass die vertraglich vereinbarten Zins- und Tilgungszahlungen termingerecht getätigt werden. Für sie ist es daher wichtig, dass der Jahresabschluss ausreichende Informationen über die Kreditwürdigkeit sowie die künftige Liquiditätssituation seines Schuldners zulässt.[17]

Lieferanten sind ebenfalls an der Zahlungsfähigkeit des Unternehmens interessiert. Ferner ist ihr Ziel oftmals eine langjährige Geschäftsbeziehung mit dem bilanzierenden Unternehmen, weshalb für sie insbesondere das Fortbestehen des Geschäftspartners von Bedeutung ist. Um den Lieferanten diese Sicherheit zu geben, wäre ein Ausweis, der eine solide Finanz- und Ertragslage vermittelt, von Vorteil.[18]

Allgemein wird allen Gläubigern das Interesse an der Erhaltung der Haftungssubstanz, die im Falle der Insolvenz für die Bedienung ihrer Zahlungsansprüche zur Verfügung steht, zugeschrieben. Je mehr liquide Mittel aufgrund von Gewinnausschüttungen an die Anteilseigner bzw. aufgrund von Ertragssteuerzahlungen an das Finanzamt das Unternehmen verlassen, desto stärker wird die Haftungssubstanz reduziert. Der deutsche Gesetzgeber trägt durch die Ausschüttungsbegrenzung zum Gläubigerschutz bei. Durch eine vorsichtige Bilanzierung werden Gewinne möglichst niedrig ausgewiesen, wodurch der Liquiditätsentzug aus dem Unternehmen durch Ausschüttungen und Steuerzahlungen ebenfalls niedrig ist. Dadurch steigt die Wahrscheinlichkeit, dass das Unternehmen für Gläubigerforderungen zahlungsfähig ist.[19]

Zu den Anteilseignern zählen meist die Aktionäre eines Unternehmens. Diese verfolgen das Ziel, mit den Aktien

1. hohe Dividendenzahlungen im Moment und
2. große Kurssteigerungen ihrer Aktien in der Zukunft

zu erreichen, um dadurch ihre Gesamtrendite auf die Investition in das Unternehmen zu maximieren. Ihnen bieten die vergangenen Jahresabschlüsse, welche unter anderem die bisherige Ertragsentwicklung aufzeigen, die Möglichkeit, die zukünftige Ertragsent-

---

[16] Vgl. Weber, Jürgen; Weißenberger, Barbara E. (2010), S. 15.
[17] Vgl. Döring, Ulrich; Wöhe, Günter (2008), S. 717.
[18] Vgl. Baus, Josef (1999), S. 17-18.
[19] Vgl. Döring, Ulrich; Wöhe, Günter (2008), S. 717 und Weber, Jürgen, Weißenberger, Barbara E. (2010), S. 15-17.

wicklung einzuschätzen. Ihr Wunsch ist eine möglichst aussagekräftige Bilanz, um das Unternehmen richtig beurteilen zu können. Insbesondere Kleinaktionäre mit kurzfristigen Investitionsinteressen hoffen verstärkt auf hohe Dividendenausschüttungen, die aus hohen Gewinnen resultieren.[20] Währenddessen sind Großaktionäre weniger auf die Dividende angewiesen, sondern verdienen vor allem durch Kurssteigerungen. Hohe Gewinnausweise sind für sie steuerlich von Nachteil.[21]

Auch der Staat hegt im Rahmen des Einzelabschlusses ein Interesse am Jahresabschluss. Dabei ist genau genommen die Finanzverwaltung gemeint, welche an einer richtigen Gewinnermittlung des Unternehmens interessiert ist. Der Gewinn stellt die Bemessungsgrundlage für die Ermittlung der gewinnabhängigen Steuern dar. Dem Finanzamt ist es besonders wichtig, dass der Gewinn der richtigen Periode zugewiesen wird und tendenziell besser zu hoch als zu niedrig ausfällt, weil es durch die dadurch ausgelösten Steuerzahlungen profitiert. Dem gegenüber steht das Interesse des bilanzierenden Unternehmens, welches eher auf niedrige Steuerzahlungen bedacht ist und evtl. versucht, Gewinne in spätere Geschäftsjahre zu verschieben.[22]

Ebenso möchte der Staat Rückschlüsse auf die wirtschaftliche Lage von Unternehmen ziehen, um seine zukünftigen Einnahmen zu planen und ferner seine Industriepolitik in Form von beispielsweise Wirtschaftsförderung ableiten zu können.

Darüber hinaus tritt der Staat teilweise auch als Vertragspartner mit Unternehmen auf. Dann schlüpft er in die Rolle des Kunden.[23]

Je mehr wirtschaftliche Bedeutung ein Unternehmen innehat, desto stärker rückt es auch in den Fokus der Öffentlichkeit. Besonders große Unternehmen nehmen eine wichtige Rolle innerhalb der Gemeinde und der Region ein. Sie bieten insbesondere Arbeitsplätze und machen den Standort attraktiv für weitere Unternehmen, so dass die Gemeinde verstärkt für den Ausbau der Infrastruktur bereit ist. Des Weiteren profitiert die Gemeinde vom Unternehmen durch die eingehenden Gewerbesteuerzahlungen. Daher

---

[20] Vgl. Döring, Ulrich; Wöhe, Günter (2008), S. 717 und Weber, Jürgen; Weißenberger, Barbara E. (2010), S. 17.
[21] Vgl. Baus, Josef (1999), S. 17.
[22] Vgl. Döring, Ulrich; Wöhe, Günter (2008), S. 718 und Baus, Josef (1999), S. 18.
[23] Vgl. Pellens, Bernhard u.a. (2011), S. 5.

sollte das Unternehmen sich mit seinem Jahresabschluss möglichst als erfolgreich und expansiv präsentieren.[24]

Weitere Bilanzadressaten sind Kunden und Wettbewerber.

Kunden haben ähnlich wie die Lieferanten ein Interesse an einer langfristigen Beziehung zum Geschäftspartner und erwarten daher, dass dieser solide aufgestellt ist. Die Wettbewerber möchten möglichst viele Informationen aus dem Jahresabschluss ziehen, um diese zu ihrem eigenen Vorteil nutzen zu können. Dies steht ganz im Gegensatz zum Interesse des bilanzierenden Unternehmens. Insbesondere wenn der Jahresabschluss eine hohe Ertragskraft signalisiert, werden neue Konkurrenten angelockt, welche ebenfalls auf ein erfolgreiches Geschäft hoffen.[25]

2.3 Grundlegende Unterschiede zwischen HGB und IFRS

2.3.1 Bilanzierungsziele und -zwecke

Das Handelsgesetzbuch (HGB) und die International Financial Reporting Standards (IFRS) greifen auf zwei verschiedene Rechnungslegungsphilosophien zurück. Wie bereits erwähnt, orientieren diese sich an den unterschiedlichen Interessen der Jahresabschlussadressaten. Als zentrale Gruppen haben sich die Anteilseigner und die Fremdkapitalgeber herausgestellt:[26]

Das HGB wird dem kontinentaleuropäischen System zugeordnet, welches durch umfangreiche gesetzliche Vorgaben gekennzeichnet ist. Dadurch wird eine Kontinuität in der Rechnungslegung erreicht. Nachteil jedoch ist die zeitliche Verzögerung bei neuen Anforderungen, da zunächst ein Gesetz erlassen werden muss. Durch die gesetzliche Verankerung sollen vor allem der Gläubigerschutz und die Erhaltung des Unternehmenskapitals gewährleistet werden. Aus den Funktionen des Jahresabschlusses treten deswegen insbesondere die Bemessung der Ausschüttung an die Anteilseigner

---

[24] Vgl. Baus, Josef (1999), S. 19.
[25] Vgl. Baus, Josef (1999), S. 19.
[26] Vgl. Schultz, Volker (2011), S. 110 und Pellens, Bernhard u.a. (2011), S. 22.

und die steuerliche Gewinnermittlung in den Vordergrund. Sie stellen nämlich einen Abzug von Kapital aus dem Unternehmen dar. Folglich nehmen steuerliche Aspekte bei der Bilanzierung nach dem kontinentaleuropäischen System eine wichtige Rolle ein.[27] Dass der Fremdkapitalgeber im deutschen Recht in den Vordergrund rückt, wird aufgrund der institutionellen Rahmenbedingungen in Deutschland plausibel. Traditionell beschaffen deutsche Unternehmen selten ihr Kapital über den organisierten Eigenkapitalmarkt, so dass die Eigentümer der Firmen meist selbst als Geschäftsführer oder in leitender Position der Unternehmen auftreten. Da diese dadurch über genügend interne Informationen verfügen, ist der Jahresabschluss nicht deren Hauptinformationsquelle. Somit kann die externe Rechnungslegung verstärkt auf andere Adressaten wie den Gläubigern ausgerichtet werden.

Für die Gläubiger ist, wie in Kapitel 2.2 bereits erwähnt, das Kreditausfallrisiko besonders wichtig. Um diesem Anliegen zu folgen, muss ein Jahresabschluss Werte offen legen, welche Verlustpotentiale in voller Höhe und Gewinnpotentiale nur in begrenzter Höhe berücksichtigen. Diese Vorgehensweise entspricht dem Prinzip der Vorsicht (siehe Kapitel 5.1.1 Das Vorsichtsprinzip), also Vermögen tendenziell niedrig und Schulden hoch zu bewerten. Es entsteht eine verzerrte Bilanzierung.[28]

Die IFRS folgen der anglo-amerikanischen Rechnungslegungsphilosophie. Diese war ursprünglich in Großbritannien und den USA verbreitet. Die anglo-amerikanische Rechnungslegung regelt Detailfragen in Form von Einzelentscheidungen durch berufsständige Gremien wie z. B. die Börsenaufsicht, Wirtschaftsprüfer und Fachverbände. Hauptadressaten sind nicht wie im HGB die Gläubiger, sondern die Investoren. Ihr Interesse liegt vor allem in der Bereitstellung von entscheidungsrelevanten Informationen, um dadurch eine bessere Entscheidung in Bezug auf ihre Finanzanlagen treffen zu können. Möglichst realistische Informationen über die Vermögens-, Finanz- und Ertragslage sollen durch hohe Verlässlichkeit, Transparenz und Vergleichbarkeit der Unternehmensabschlüsse generiert werden.[29] Vertreter der IFRS gingen ursprünglich

---

[27] Vgl. Schultz, Volker (2011), S. 110.
[28] Vgl. Pellens, Bernhard u.a. (2011), S. 23.
[29] Vgl. Schultz, Volker (2011), S. 111 und Deitermann, Manfred; Rückwart, Wolf-Dieter; Schmolke, Siegfried (2010): Industrielles Rechnungswesen IKR: Finanzbuchhaltung, Analyse und Kritik des Jahresabschlusses, Kosten- und Leistungsrechnung: Einführung und Praxis, 38. Aufl., Braunschweig, S. 514.

davon aus, dass durch die Vermittlung entscheidungsrelevanter Informationen für Investoren auch die Informationsbedürfnisse anderer Jahresabschlussadressaten ausreichend berücksichtigt würden.[30] Eine Steuerbemessung hat dieser Abschluss nicht zum Ziel. Diese wird separat vorgenommen.

Den Fokus auf den Eigenkapitalgeber als Jahresabschlussadressat zu legen, ist ebenfalls in der Tradition begründet. Im anglo-amerikanischen Raum beziehen Unternehmen in der Regel ihr Eigenkapital über organisierte Märkte. Die Aktionäre verfügen jedoch nicht über die internen Informationsquellen eines Unternehmens und sind daher für ihre Entscheidungsfindung auf den Jahresabschluss angewiesen. Die Eigenkapitalgeber tragen das finanzielle Risiko des Unternehmens und entscheiden aus diesem Grund über dessen Geschäftspolitik mit.

Für Eigenkapitalgeber ist die Chance unbegrenzt, während das Verlustrisiko entweder auf die Einlage bei beschränkter Haftung oder andernfalls auf das Privatvermögen begrenzt ist. Daher richtet sich ihr Informationsbedarf verstärkt auf die Chancen im Unternehmen.[31]

In jüngster Zeit ist eine Entwicklung der IFRS dahingehend zu beobachten, dass neben den Investoren zukünftig die Gläubiger und Kreditgeber mit in den Fokus der Abschlüsse einbezogen werden (siehe Kapitel 2.3.2 Prinzipien der Rechnungslegung).

2.3.2 Prinzipien der Rechnungslegung

Die Grundsätze ordnungsmäßiger Buchführung (GoB) stellen die Prinzipien des HGB dar. Sie sind maßgebliche Regeln zur Führung von Handelsbüchern und zur Erstellung des Jahresabschlusses und sollen die Verzerrung und Verfälschung in der Buchführung verhindern. Sie dienen insbesondere der Auffüllung von gesetzlichen Regelungslücken. Aufgrund der GoB soll das Informationsinteresse bestimmter Jahresabschlussadressaten gewahrt werden. Einige der GoB sind im Gesetz, dem HGB, festgehalten. Andere blieben nichtkodifiziert.[32]

---

[30] Vgl. Baus, Josef (2003): Wohin treibt die deutsche Rechnungslegung?, in: Kremin-Buch, Beate; Unger, Fritz; Walz, Hartmut (Hrsg.): Internationale Rechnungslegung: Aspekte und Entwicklungstendenzen, Band 4, Sternenfels, S. 192.
[31] Vgl. Pellens, Bernhard u.a. (2011), S. 23.
[32] Vgl. Pellens, Bernhard u.a. (2011), S. 139 und Döring, Ulrich; Wöhe, Günter (2008), S. 726-728.

In diesem Buch werden ausschließlich die kodifizierten GoB angesprochen, da nur über diese Regeln eindeutige Aussagen getroffen werden können.

Grundsatz der Klarheit und Übersichtlichkeit
(§ 238 Abs. 1 Satz 2 HGB und § 243 Abs. 2 HGB):

Der Jahresabschluss muss einem sachverständigen Dritten die Möglichkeit geben, sich innerhalb eines angemessenen Zeitraumes ein Bild über die Geschäftsvorfälle und die Lage des Unternehmens zu machen. Dazu muss dieser klar und übersichtlich sein.

Saldierungsverbot (§ 246 Abs. 2 HGB):

Die Verrechnung von Aktivposten der Bilanz mit Passivposten und Aufwendungen der GuV mit Erträgen der GuV ist nicht gestattet.

Grundsatz der Einzelbewertung (§ 252 Abs. 1 Nr. 3 HGB):

Die Vermögensgegenstände und Schulden sind zum Bilanzstichtag einzeln zu erfassen und zu bewerten.

Grundsatz der Richtigkeit und Willkürfreiheit (§ 239 Abs. 2 HGB):

Der Jahresabschluss wird aus Aufzeichnungen abgeleitet, welche richtig und geordnet vorgenommen werden. Über das Gesetz hinaus verlangt dieser Grundsatz, dass die Posten den Tatbeständen entsprechend bezeichnet sein müssen und solche Werte anzusetzen sind, die am wahrscheinlichsten zutreffen. Eine Bilanzmanipulation ist verboten.

Grundsatz der Vollständigkeit (§ 239 Abs. 2 HGB und § 246 Abs. 1 HGB):

Der Vollständigkeitsgrundsatz schreibt vor, alle buchungspflichtigen Vorfälle im Jahresabschluss zu erfassen. Hierzu zählen sämtliche Vermögensänderungen. Zur Vollständigkeit muss ein Jahresabschluss die Posten Vermögensgegenstände, Schulden, Rechnungsabgrenzungsposten, Aufwendungen und Erträge enthalten.

Grundsatz der Bilanzidentität (§ 252 Abs. 1 Nr. 1 HGB):

Die Schlussbilanz eines Wirtschaftsjahres muss mit der Eröffnungsbilanz des Folgejahres hinsichtlich der Werte der Bilanzposten identisch sein.

Grundsatz der Vorsicht (§ 252 Abs. 1 Nr. 4 HGB):

Nach dem Vorbild des ordentlichen Kaufmannes soll sich das Unternehmen nicht reicher rechnen, als es ist. Es soll vorsichtig bewerten, also bei Unsicherheit soll eine eher pessimistische Bewertung vorgenommen werden.

Realisationsprinzip (§ 252 Abs. 1 Nr. 4 HGB):

Nur realisierte Gewinne dürfen zum Bilanzstichtag ausgewiesen werden.

Imparitätsprinzip (§ 252 Abs. 1 Nr. 4 HGB):

Gemäß dem Imparitätsprinzip sind vorhersehbare Verluste anders zu behandeln als künftige Gewinne. Verluste müssen, sobald sie mit ausreichender Sicherheit bekannt sind, ergebniswirksam im Jahresabschluss erfasst werden.

Grundsatz der Periodenabgrenzung (§ 252 Abs. 1 Nr. 5 HGB):

Dieser Grundsatz schreibt vor, dass Aufwendungen und Erträge unabhängig vom Zeitpunkt der Zahlung im Jahresabschluss ausgewiesen werden. Sie sind dem Geschäftsjahr zuzuweisen, in dem sie wirtschaftlich verursacht wurden.

Grundsatz der Fortführung der Unternehmenstätigkeit (§ 252 Abs. 1 Nr. 2 HGB):

Bei der Bewertung von Vermögensgegenständen und Schulden ist grundsätzlich von der Fortführung der Unternehmenstätigkeit auszugehen. Ein Ansatz von Liquidationswerten ist daher untersagt.

Grundsatz der Stetigkeit (§ 246 Abs. 3 HGB und § 252 Abs. 1 Nr. 6 HGB):

Die Gliederung sowie die Gliederungsbegriffe als auch Ansatz- und Bewertungsmethoden des Jahresabschlusses sind beizubehalten und dürfen nicht einfach über die Jahre geändert werden.[33]

Das International Accounting Standards Board (IASB) hat ebenfalls für den Geltungsbereich der IFRS allgemeine Rechnungslegungsgrundsätze aufgestellt. Diese Grundprinzipien dienen dem Ziel, im Rahmen des sogenannten „True and Fair View" bzw.

---

[33] Vgl. Coenenberg, Adolf G.; Haller, Axel; Schultze, Wolfgang (2009), S. 38-46. Alle vorangegangenen kodifizierten Prinzipien des HGB sind dieser Quelle entnommen.

der „Fair Presentation" (Vgl. IAS 1.15) entscheidungsnützliche Informationen im Jahresabschluss bereitzustellen (decision usefulness). Dies soll dadurch erreicht werden, dass die wirtschaftliche Lage des Unternehmens entsprechend den tatsächlichen Verhältnissen dargestellt wird. Entscheidend ist, dass finanzielle Informationen seit Neustem nicht nur auf die Entscheidungsnützlichkeit für Investoren ausgerichtet sind, sondern jetzt auch den bestehenden Gläubigern und Kreditgebern nützlich sein sollen, um adäquate Entscheidungen treffen zu können.[34]

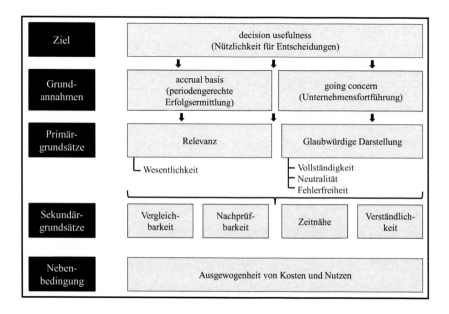

Abbildung 2.2: Grundprinzipien der Rechnungslegung nach IFRS
Quelle: In Anlehnung an Bansbach, Florian; Dornbach, Eike; Petersen, Karl (2012): IFRS Praxishandbuch: Ein Leitfaden für die Rechnungslegung mit Fallbeispielen, 7. Aufl., München, S. 8.

Aus diesem Ziel lassen sich zwei Grundannahmen ableiten. Zentrales Merkmal der IFRS-Rechnungslegung ist die periodengerechte Aufwands- und Ertragserfassung. Diesem wird mit der Grundannahme accrual basis (= Periodenabgrenzung) Rechnung getragen. Jahresabschlüsse, die diesem Prinzip gerecht werden, bilden Geschäftsvorfälle

---

[34] Vgl. Coenenberg, Adolf G.; Haller, Axel; Schultze, Wolfgang (2012): Jahresabschluss und Jahresabschlussanalyse: Betriebswirtschaftliche, handelsrechtliche, steuerrechtliche und internationale Grundsätze - HGB, IAS/IFRS, US-GAAP, DRS, 22. Aufl., Stuttgart, S. 64-65.

und andere Ereignisse unabhängig von ihrer Zahlungswirksamkeit zum Zeitpunkt ihres wirtschaftlichen Entstehens ab. Dieser Zeitpunkt wird zukünftig gemäß dem Standardentwurf ED/2011/6 „Revenue from Contracts with Costumers" dann vorliegen, wenn der Kunde die Kontrolle über ein Gut oder eine Dienstleistung erlangt.[35] Die zweite Grundannahme des going concern entspricht dem Grundsatz der Unternehmensfortführung aus dem HGB. Der Jahresabschluss ist unter der Annahme aufzustellen, dass das Unternehmen weder seine Tätigkeit in den nächsten 12 Monaten einstellen wird, noch den Umfang der Tätigkeiten einschränken wird.[36]

Aus den Grundannahmen werden qualitative Merkmale abgeleitet, die sich in die Primärgrundsätze und Sekundärgrundsätze untergliedern. Primärgrundsätze sind die Relevanz und die glaubwürdige Darstellung.

Mit dem Merkmal der Relevanz soll der Jahresabschluss insbesondere entscheidungsrelevante Informationen für die Bilanzleser offen legen. Damit trägt dieses Merkmal erheblich zur „decision usefulness" bei. Der Grundsatz wird mit der Anordnung zur Wesentlichkeit (= materiality) ergänzt. Diese liegt dann vor, wenn eine Auslassung oder eine fehlerhafte Wiedergabe einer Information zu einer veränderten wirtschaftlichen Entscheidung eines Jahresabschlussadressaten führen würde.

Der Primärgrundsatz der glaubwürdigen Darstellung hält den Jahresabschlussaufsteller zu einer vollständigen Darstellung der Rechnungslegung zugrundeliegenden Informationen und Annahmen an, die frei von Manipulationen oder Verzerrung ist. Die glaubwürdige Abbildung der Sachverhalte wird durch deren Vollständigkeit, durch Neutralität, also der Freiheit subjektiver Verzerrungen, und durch die Freiheit von Fehlern gewährleistet. Mit der letzten Überarbeitung des Rahmenkonzeptes wurde also der vormals enthaltene Grundsatz der Verlässlichkeit (= reliability) durch den Grundsatz der glaubwürdigen Darstellung ersetzt, wobei das IASB beide Grundsätze im Grunde für identisch hält.[37]

---

[35] Vgl. Eitzen, Bernd von; Zimmermann, Martin (2010): Bilanzierung nach HGB und IFRS, Weil im Schönbuch, S. 164 und Kühne, Mareike; Schleis, Ingo (2012): Geplante Neuregelung der Umsatzrealisierung nach IFRS. Erneuter Standardentwurf des IASB (ED/2011/6 "Revenue from Contracts with Costumers"), in: Die Wirtschaftsprüfung, 65. Jahrgang, Nr. 5/2012, S. 261
[36] Vgl. Eitzen, Bernd von; Zimmermann, Martin (2010), S. 164.
[37] Vgl. Coenenberg, Adolf G.; Haller, Axel; Schultze, Wolfgang (2012), S. 66-67.

Die Sekundärgrundsätze umfassen die Vergleichbarkeit, die Nachprüfbarkeit, die Zeitnähe und die Verständlichkeit von Jahresabschlüssen. Daher müssen diese sowohl von Jahr zu Jahr untereinander als auch mit Jahresabschlüssen anderer Unternehmen vergleichbar sein. Dazu müssen die Bilanzierungs- und Bewertungsverfahren stetig sein und neben den aktuellen Werten sind verpflichtend die Vorjahreswerte aufzuführen. Ein Jahresabschluss stellt sich als nachprüfbar heraus, wenn verschiedene sachkundige und unabhängige Beobachter eine grundsätzlich übereinstimmende Auffassung darüber haben, dass Sachverhalte angemessen dargestellt werden. Des Weiteren hat die Bericht-erstattung zeitnah zu erfolgen. Ferner muss ein Jahresabschluss für den fachkundigen und interessierten Bilanzleser nachvollziehbar und innerhalb eines angemessenen Zeitraumes verständlich sein.[38]

Bei der Beachtung all dieser Grundprinzipien darf eine Nebenbedingung nicht außer Acht gelassen werden. Die Kosten zur Bereitstellung von Informationen dürfen nicht den Nutzen der Jahresabschlussadressaten überschreiten.[39]

Das Ergebnis aus den angeführten Prinzipien und Annahmen des IASB ist die Darstel-lung eines den tatsächlichen Verhältnissen entsprechenden Bildes der Vermögens-, Finanz- und Ertragslage (true and fair view / fair presentation) eines Unternehmens (IAS 1.15).

---

[38] Vgl. Bansbach, Florian; Dornbach, Eike; Petersen, Karl (2012): IFRS Praxishandbuch: Ein Leitfaden für die Rechnungslegung mit Fallbeispielen, 7. Aufl., München, S. 7-8.
[39] Vgl. Althoff, Frank (2012): Einführung in die internationale Rechnungslegung: Die einzelnen IAS/IFRS, Wiesbaden, S. 34.

3. Notwendigkeit zur Entwicklung neuer Rechnungslegungskonzepte

3.1 Defizite bisheriger Rechnungslegungskonzepte

Sowohl das HGB als auch die IFRS bringen Defizite mit, die ihren eigenen Bilanzzielen entgegenstehen.

Das HGB ist in erster Linie aufgrund der Bildung stiller Reserven zu kritisieren. Stille Reserven „sind Teile des Eigenkapitals, die aus der Bilanz nicht ersichtlich sind"[40]. Sie sind die Folge eines niedrigen Vermögensausweises und eines hohen Schuldenausweises, welche im Vorsichtsprinzip begründet sind. Legale stille Reserven haben verschiedene Ursachen:[41]

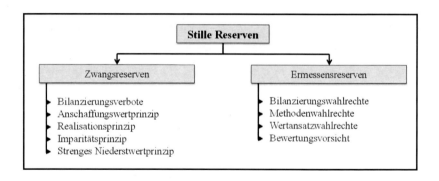

Abbildung 3.1: Ursachen stiller Reserven in der handelsrechtlichen Rechnungslegung
Quelle: In Anlehnung an Baus, Josef (1999): Bilanzpolitik: Internationale Standards - Analyse, 1. Aufl., Berlin, S. 58.

Stille Reserven ermöglichen die Verfälschung des Vermögensausweises und Manipulation. In erfolgreichen Jahren werden stille Reserven gebildet, wodurch die Zahlungsansprüche an Adressaten gedrückt werden können. Denn deren Bildung geht in der Regel mit einem niedrigeren Gewinnausweis einher. In wirtschaftlich schlechteren Jahren können stille Reserven aufgelöst werden, was zu einem besseren Gewinnausweis oder einer Verringerung des Gesamtverlustes führt. Mit Hilfe stiller Reserven kann demzu-

---

[40] Baus, Josef (1999), S. 58.
[41] Vgl. Baus, Josef (1999), S. 58.

folge nicht nur die Gewinnentwicklung im Zeitverlauf geglättet werden, sondern die Adressaten werden auch getäuscht. Die bei der Auflösung stiller Reserven realisierten Vermögenszuwächse führen nämlich zu einer günstigeren Darstellung der Vermögens- und Ertragslage. Darin liegt das Manipulationspotential zur Täuschung der Gläubiger und aller anderen Adressaten begründet. Ein weiterer Nachteil ist, dass die Gläubiger nicht über den Umfang stiller Reserven informiert werden und diese daher auch nicht in die Beurteilung der Kreditwürdigkeit einbringen können.[42]

Das Anschaffungswertprinzip gehört zu den Vorschriften aus dem HGB, die die Bildung stiller Reserven vorschreiben. Das HGB verbietet einen Wertansatz, der über die Anschaffungskosten hinaus geht, auch wenn der Zeitwert darüber liegt. Diese Regel macht nicht immer Sinn, was das folgende Beispiel verdeutlicht: Warum sollten Aktien, die zu einem früheren Zeitpunkt günstiger erworben wurden, niedriger bilanziert werden als gleichwertige mit einem späteren Zugangszeitpunkt? Hätte man die Aktien zum Beispiel sehr zeitnah zum Bilanzierungszeitpunkt beschafft, so wäre der Wertan-satz in der Bilanz gleich dem Zeitwert. In solchen Fällen könnte ein Ausweis über die Anschaffungskosten hinaus sinnvoll sein, wenn man den Substanzverlust durch Abfluss unrealisierter Gewinne durch eine Ausschüttungssperre verhindern würde.[43]

Ein weiterer Kritikpunkt aus dem Bereich des HGBs besteht in den umfangreichen Bilanzierungs- und Bewertungswahlrechten. Wahlrechte machen dann Sinn, wenn das Unternehmen sie nutzt, um entsprechend seinen individuellen Verhältnissen die besten Informationen für Adressaten bereitzustellen. Tatsächlich werden sie von Unternehmen meist zur Bilanzpolitik eingesetzt. Unter Bilanzpolitik versteht man die zielgerichtete Gestaltung des Jahresabschlusses durch die Unternehmensleitung im Rahmen der Möglichkeiten mit dem Ziel, die Bilanzadressaten möglichst positiv für das Unterneh-men zu beeinflussen.[44] Somit können Unternehmen Wahlrechte zur Bildung stiller Reserven in erfolgreichen Geschäftsjahren nutzen, um dadurch die Zahlungsansprüche

---

[42] Vgl. Leffson, Ulrich (1987): Die Grundsätze ordnungsmäßiger Buchführung, 7. Aufl., Düsseldorf, S. 86-88 und Baus, Josef (2003), S. 197-199.
[43] Vgl. Baus, Josef (2003), S. 198.
[44] Vgl. Coenenberg, Adolf G.; Haller, Axel; Schultze, Wolfgang (2009), S. 16.

der Adressaten zu drücken. In einem wirtschaftlich schlechteren Geschäftsjahr führt deren Auflösung dann zu Gewinnen, die ohne deren Bildung gar nicht möglich wären. Generell stellt sich die Frage, warum gleiche Sachverhalte unterschiedlich bilanziert werden dürfen. Eine solche bewusste Bilanzpolitik ist im IFRS untersagt. Stattdessen ist bei mehreren Bilanzierungsalternativen diejenige zwingend vorgeschrieben, die zur besten Information der Adressaten führt.[45]

Die IFRS weisen zwei gravierende Defizite auf. Mit dem ersten Defizit sind die Nachteile der Fair Value-Bewertung gemeint. Der Fair Value, auch beizulegender Zeitwert genannt, stellt den aktuellen Wert am Bilanzstichtag dar, welcher bei einem Verkauf an einen sachverständigen, vertragswilligen und unabhängigen Geschäfts-partner erzielt werden könnte (Vgl. IAS 32.11). Ein Ansatz zum Fair Value berücksich-tigt sowohl Wertminderungen als auch Wertmehrungen über den Anschaffungswert hinaus. Die Bilanzwerte werden immer sofort den veränderten Marktverhältnissen angepasst, auch wenn diese nicht von Dauer sind. Daraus folgen stets entsprechende Auf- und Abwertungen. Ergebnis des Fair Value ist eine immanente Ergebnis- und Ausweisvolatilität, welche die Grundstimmung der Gesamtwirtschaft beeinflussen kann. In wirtschaftlich erfolgreichen Jahren wird die positive Stimmung durch Vermögens-zuwächse, die alleine auf der Veränderung des Fair Value beruhen, verstärkt. Umge-kehrtes passiert in Krisenzeiten. Deswegen ist der Fair Value in den letzten Jahren stark in Kritik geraten. Es wird ihm vorgeworfen, dass er zu beschleunigten und intensiveren Konjunkturausschlägen führt.[46]

Weiterer Kritikpunkt der IFRS ist die Tatsache, dass ein entsprechender Jahresabschluss nicht für Ausschüttungszwecke geeignet ist. Die IFRS lassen den Ausweis unrealisierter Gewinne an einigen Stellen zu, wodurch das vermeintliche Ausschüttungspotential erhöht wird. Es kommt bei deren Ausschüttung zum Substanzverlust und dadurch zur Erhöhung des Insolvenzrisikos. Die Ausschüttung unrealisierter Gewinne ist einer

---

[45] Vgl. Baus, Josef (2003), S. 199-200.
[46] Vgl. Küting, Karlheinz; Lauer, Peter (2010): Der Fair Value in der Krise: Abbild und Wirkung, in: Karlheinz Küting, Norbert Pfitzer und Claus-Peter Weber (Hrsg.): IFRS und BilMoG: Herausforderungen für das Bilanz- und Prüfungswesen, Stuttgart S. 275-282.

Herabsetzung des Gläubigerschutzes gleichbedeutend.[47] Bei einer Ausschüttung auf Grundlage des IFRS-Abschlusses besteht die Gefahr der Ausschüttung von „Scheingewinnen". Oftmals gehen diese Gewinne auf das zuvor diskutierte Thema der Fair Value-Bewertung zurück.[48]

3.2 Gründe zur Standardisierung / Harmonisierung der Rechnungslegung

Generell ist seit einigen Jahren der Trend zur Internationalisierung von Unternehmenstätigkeiten zu erkennen. Dieser Trend trifft nicht nur auf die großen und börsennotierten Unternehmen zu, sondern auch immer mehr kleine und mittelständische Unternehmen ziehen nach. Schon mit dem Import und Export von Gütern beginnt die internationale Ausrichtung eines Unternehmens. Man bedenke, dass Kunden und Lieferanten ebenfalls zu den Jahresabschlussadressaten gehören. Hat ein Unternehmen seinen Fuß auf internationales Terrain gesetzt, so ist es auch sinnvoll, dass der Jahresabschluss für alle Stakeholder verständlich ist. Gerade bei langfristigen Handelsbeziehungen mit dem Ausland ist zur Minimierung des Investitionsrisikos der jeweilige Vertragspartner auf seine wirtschaftliche Lage zu überprüfen, wozu insbesondere die Jahresabschlussanalyse gehört. Mit einem international standardisierten Jahresabschluss könnten sich Unternehmen ihren ausländischen Kunden und den Führungskräften ausländischer Tochtergesellschaften präsentieren und begreiflich machen.[49]

Vermutlich kommt von manch einem Leser jetzt der Einwand, dass genau dieses Konzept schon in Form der IFRS existiert. Wie sich jedoch im vorangegangenen Kapitel herausgestellt hat, berücksichtigen diese noch nicht genug den Gläubigerschutz und ihre Eignung zur Ausschüttungsbemessung ist nicht gegeben. Daher muss eine neue Lösung geschaffen werden. Zudem werden die Vorschriften der IFRS in Deutschland

---

[47] Vgl. Haaker, Andreas; Hoffmann, Wolf-Dieter (2009): Eignung der IFRS für Ausschüttungszwecke?, in: PiR, Nr. 6/2009, S. 172.

[48] Vgl. Heinrichs, Joachim (2008): IFRS - Eignung für Ausschüttungszwecke?, in: BFuP, 60. Jahrgang, Nr. 5/2008, S. 422.

[49] Vgl. Colbe, Walther Busse von (2002): Entwicklungsperspektiven der Rechnungslegung in Deutschland: Die deutsche Rechnungslegung vor einem Paradigmawechsel, in: Zfbf, Nr. 54/2002, S. 160 und Pellens, Bernhard u.a. (2011), S. 43.

bisher eher selten umgesetzt, da fast alle Einzelabschlüsse und die Mehrheit der Konzernabschlüsse immer noch auf dem HGB basieren.[50]

Immer mehr Firmen wagen den nächsten großen Schritt zu ihrem internationalen Auftritt und führen Direktinvestitionen im Ausland durch. Dadurch entwickeln sich viele Unternehmen zu verflochtenen Konzernen, deren Gesellschaften vergleichbar gemacht und gesteuert werden müssen.[51] Ein einheitlicher Jahresabschluss erleichtert ihnen das Konzerncontrolling sowie die Konzernkonsolidierung. Eine Umbewertung und Überprüfung der Bilanzansätze aus Abschlüssen, die in unterschiedlichen Ländern erstellt wurden, erübrigen sich dadurch. Ausländische Tochter- und Gemeinschaftsunternehmen müssen keine an konzerneinheitliche Bilanzierungsregeln angepassten Handelsbilanzen II für die Einbeziehung in den Konzernabschluss mehr aufstellen. Kurzum: Die Aufstellung einer Handelsbilanz II entfällt.[52]

Sind Akquisitionen von ausländischen Unternehmen oder Beteiligungen wie z. B. Joint Ventures in Planung, so muss zunächst deren wirtschaftliche Lage und deren Erfolg beurteilt und deren Wert an sich als Grundlage für Übernahmeverhandlungen festgestellt werden. Auch in diesem Fall sind standardisierte Jahresabschlüsse eine große Erleichterung.

Noch ein letzter Punkt, der an dieser Stelle zu erwähnen ist, ist der externe Finanzierungsbedarf. Zu den potentiellen Finanzierungsquellen eines Unternehmens gehören heute verstärkt auch ausländische Kapitalmärkte, die beispielsweise in Form der Kreditaufnahme oder Emission von Anleihen und Aktien in Anspruch genommen werden. Diese möchten insbesondere Informationen über die Bonität, die Renditeerwartungen und die Risiken erhalten, welche sie zumindest teilweise aus den Jahresabschlüssen erschließen.[53]

---

[50] Vgl. Küting, Karlheinz (2010): Zeitenwende in der Rechnungslegung - Herausforderungen und Chancen, in: Karlheinz Küting, Norbert Pfitzer und Claus-Peter Weber (Hrsg.): IFRS und BilMoG: Herausforderungen für das Bilanz- und Prüfungswesen, Stuttgart, S. 1.
[51] Vgl. Pellens, Bernhard u.a. (2011), S. 43.
[52] Vgl. Colbe, Walther Busse von (2002), S. 160 und S. 169.
[53] Vgl. Pellens, Bernhard u.a. (2011), S. 43-44.

Die Internationalisierung und damit auch Standardisierung der Rechnungslegung wird auch von der EU sowie von Deutschland selbst vorangetrieben. Die EU-Verordnung Nr. 1606/2002 schreibt seit 2005 kapitalmarktorientierten Mutterunternehmen verpflichtend vor, ihren Konzernabschluss auf Basis der IFRS aufzustellen. Kapitalmarktorientiert sind solche Unternehmen, die Wertpapiere in einem EU-Mitgliedsstaat in einem geregelten Handel anbieten. Eine längere Frist zur Umstellung auf die IFRS bis 2007 haben Unternehmen, die bisher aufgrund eines entsprechenden Börsenlistings ihren Abschluss nach US-GAAP aufgestellt hatten.[54]

Auf Grundlage dieser EU-Verordnung erhielten die Mitgliedsstaaten das Recht, weitere Regelungen bezüglich des Konzernabschlusses von nicht-kapitalmarktorientierten Unternehmen und für alle Einzelabschlüsse aufzustellen, die entweder die Aufstellung nach IFRS verpflichtend vorschreiben oder freiwillig zulassen. Deutschland hat sich diesem Recht auf zwei Weisen angenommen. Zum einen reagierte es mit dem Bilanz-rechtsmodernisierungsgesetz (BilMoG), das im Mai 2009 in Kraft trat. Dessen Ziel war die moderate Annäherung des Handelsrechtes an die IFRS und die deutliche Erhöhung des Informationsniveaus des handelsrechtlichen Jahresabschlusses. Es soll eine im Vergleich zu den IFRS vollwertige und wesentlich einfachere sowie kostengünstigere Alternative darstellen. Gleichzeitig sollten jedoch die Eckpunkte des HGBs beibehalten bleiben. Der Ausschüttungsbemessungszweck dominiert daher weiterhin den handels-rechtlichen Jahresabschluss. Somit stellt das BilMoG einen Kompromiss zwischen den IFRS und dem bisherigen HGB dar.[55]

Zum anderen lässt Deutschland den nicht-kapitalmarktorientierten Unternehmen die Wahl zwischen der Aufstellung eines Konzernabschlusses nach HGB oder nach IFRS. Einzelabschlüsse müssen weiterhin nach handelsrechtlichen Regeln aufgestellt werden, wobei die zusätzliche Aufstellung eines IFRS-Einzelabschlusses erlaubt ist.[56]

Welche Rechnungslegungskonzeption im Einzel- und Konzernabschluss in Deutschland vorgeschrieben bzw. wahlweise erlaubt ist, wird aus der Abbildung 3.2 ersichtlich.

---

[54] Vgl. Pellens, Bernhard u.a. (2011), S. 51.
[55] Vgl. Baetge, Jörg; Kirsch, Hans-Jürgen; Solmecke, Henrik (2009): Auswirkungen des BilMoG auf die Zwecke des handelsrechtlichen Jahresabschlusses, in: Die Wirtschaftsprüfung, 62. Jahrgang, Nr. 24/2009, S. 1211 und Haaker, Andreas (2009): Zur Zukunft der Kapitalerhaltung – IFRS und Solvenztest statt HGB-Abschluss?, in: ZfgG, 59. Jahrgang, Nr. 3/2009, S. 207.
[56] Vgl. Althoff, Frank (2012), S. 27.

Aus dieser Argumentation wird klar, dass viele Unternehmen ein einziges einheitliches, international anerkanntes Rechnungslegungssystem für Konzern- und Einzelabschlüsse fordern. Dieses sollte jedoch die Defizite der bisherigen Regeln nach IFRS und HGB beheben. Die Aufstellung einer Handelsbilanz II soll demnach abgeschafft werden. Im weiteren Verlauf werden Lösungsvorschläge zu dieser Problematik aufgezeigt und bewertet.

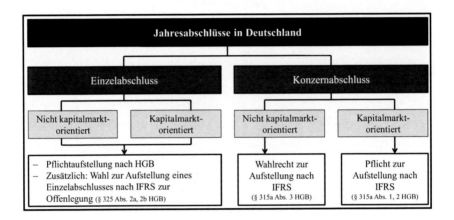

Abbildung 3.2: IFRS-Rechnungslegung in Deutschland
Quelle: In Anlehnung an Althoff, Frank (2012): Einführung in die internationale Rechnungslegung: Die einzelnen IAS/IFRS, Wiesbaden, S. 27.

4. Lösungsansätze zur Berücksichtigung der Informations- und Kapitalerhaltungsfunktion

4.1 IFRS-Abschluss zuzüglich Solvenztest

Eine Herangehensweise an die zuvor genannten Probleme, die in Europa diskutiert wird, ist die Einführung eines Solvenztestes. Die Idee dabei ist, dass der IFRS-Jahresabschluss mit einem Solvenztest ergänzt wird, um das Defizit der Untauglichkeit zur Ausschüttungsbemessung von IFRS-Abschlüssen auszugleichen. Der Solvenztest beurteilt die Ausschüttungsfähigkeit eines Unternehmens nicht anhand vergangenheitsorientierter Werte wie beispielsweise dem Gewinn, sondern erwartete Zahlungsströme und darauf aufbauende Liquiditätsprognosen werden herangezogen. Dadurch kann festgestellt werden, wie hoch die Ausschüttung sein darf, ohne dabei das Fortbestehen des Unternehmens zu gefährden. Ausschüttungen dürfen nur dann vorgenommen werden, wenn die Gesellschaft ihren fälligen Zahlungsverpflichtungen in einem bestimmten Zeitraum danach nachkommen kann.

Zwei Varianten des Solvenztestes werden unterschieden:
- Liquiditätstest (= equity insolvency test)
- Bilanztest (= balance sheet test)

Im Mittelpunkt der gegenwärtigen Debatte steht der Liquiditätstest, welcher deshalb auch in diesem Buch in den Fokus rückt. Dieser Test lässt eine Ausschüttung zu, wenn das Unternehmen „in einem bestimmten Zeitraum im Anschluss an die Ausschüttung über ausreichend liquide Mittel verfügt, um [seine] Zahlungsverpflichtungen vertragsgemäß erfüllen zu können" [57]. Im Interesse der Gläubiger bezieht der Test zur Feststellung des maximal ausschüttungsfähigen Betrages Informationen über die gegenwärtige und vorwiegend die zukünftige Zahlungsfähigkeit von Unternehmen ein. Deswegen baut er auf eine Plan-Cashflow-Rechnung bzw. auf einem Finanzplan auf. [58]

---

[57] Brandt, Eva; Jödicke, Dirk; Richard, Marc (2007): Solvenztest, in: Die Betriebswirtschaft, 67. Jahrgang, Nr. 3/2007, S. 357.
[58] Vgl. Brandt, Eva; Jödicke, Dirk; Richard, Marc (2007), S. 357-358.

Der Solvenztest setzt sich aus drei Teilen zusammen, die sich aufgrund ihrer Fristigkeit unterscheiden:

1. Finanzstatus

Mit dem Finanzstatus soll überprüft werden, ob kurzfristige Verbindlichkeiten durch liquide Mittel innerhalb des folgenden Monats nach der Ausschüttung gedeckt werden und ob die Zahlungsfähigkeit des Unternehmens im folgenden Monat gewährleistet wird. Dieser Test wird vorwiegend auf Grundlage von Ist-Daten des betrieblichen Rechnungswesens Tag genau durchgeführt.[59]

2. Finanzplan

Der Finanzplan ist das Kernstück des Solvenztestes und überblickt einen Zeitraum von 12 bis 24 Monaten. Er stellt die künftigen Ein- und Auszahlungen eines Unternehmens auf Monatsbasis gegenüber, um die Zahlungsfähigkeit des Unternehmens für 1 bis 2 Jahre nach Ausschüttung zu beurteilen. Der Finanzplan wird gemäß der Vorschrift des IAS 7 „Kapitalflussrechnungen" aufgestellt und nimmt daher folgende Form an:

	Geschäftsjahr 1			Geschäftsjahr 2		
	Monat 1	...	Monat 12	Monat 1	...	Monat 12
Betriebliche Einzahlungen						
- Betriebliche Auszahlungen						
= Cashflow aus betrieblicher Tätigkeit (1)						
Desinvestitionseinzahlungen						
- Investitionsauszahlungen						
= Cashflow aus Investitionstätigkeit (2)						
Finanzierungseinzahlungen						
- Finanzierungsauszahlungen						
= Cashflow aus Finanzierungstätigkeit (3)						
Finanzmittelfonds am Monatsanfang						
- Veränderung des Finanzmittelfonds [(1)+(2)+(3)]						
= Finanzmittelfonds am Monatsende						

Tabelle 4.1: Finanzplan des Solvenztestes
Quelle: Krapf, Jana; Schürmann, Jochen (2008): Solvenztest: Ausschüttungsbemessung und Gläubiger-schutz, Berlin, S. 148.

---

[59] Vgl. Krapf, Jana; Schürmann, Jochen (2008), S. 146-151.

Ein Solvenztest auf Basis des Finanzplanes gilt als bestanden, wenn unter Berücksichtigung der Ausschüttung die prognostizierten Finanzmittelfonds am Monatsende für den gesamten betrachteten Zeitraum positiv ausfallen.[60]

3. Kapitalbedarfsplanung

Die Kapitalbedarfsplanung bildet die grobe Strategie der Finanzpolitik eines Unternehmens über mehrere Jahre ab. Dazu stellt sie geplante Investitionen und Desinvestitionen gegenüber, um den zukünftigen Kapitalbedarf festzustellen. Nur wenn dieser durch Finanzierungsmöglichkeiten gedeckt werden kann und folglich wahrscheinlich keine existenzgefährdenden Risiken resultieren, gilt der Solvenztest als bestanden.[61]

Das Konzept der Ergänzung des IFRS-Jahresabschlusses durch einen Solvenztest ist immer noch unausgereift und muss sich schwerwiegender Kritik stellen. So sind die zukünftigen von der Unternehmensleitung prognostizierten Ein- und Auszahlungsströme grundsätzlich unsicher, da sie zwangsläufig unsicheren Erwartungen unterliegen. Dadurch wird dem Unternehmen einen erheblichen Ermessensspielraum eingeräumt. Im Vergleich zur bilanziellen Kapitalerhaltung ist dieses Ausschüttungsbemessungssystem weniger objektiv. Auch bei gewissenhafter Planung ist eine Abweichung der tatsächlichen Zahlungsströme wahrscheinlich.

Für externe Wirtschaftsprüfer ist das Testergebnis nicht verifizierbar. Die Überprüfbarkeit kann durch die Festlegung von Planungsprämissen verbessert werden.

Zuletzt ist anzumerken, dass der Solvenztest die Ausschüttung unrealisierter Gewinne keineswegs ausschließt.[62]

Bei weiterer Betrachtung dieses Konzeptes bleibt ein Defizit aus der IFRS-Rechnungslegung bestehen. Denn ein solcher Jahresabschluss unterliegt weiterhin einer starken Ergebnis- und Ausweisvolatilität durch den Ansatz des Fair Value, welche die Grundstimmung der Gesamtwirtschaft beeinflussen kann.

---

[60] Vgl. Krapf, Jana; Schürmann, Jochen (2008), S. 146-151.
[61] Vgl. Krapf, Jana; Schürmann, Jochen (2008), S. 146-151.
[62] Vgl. Coenenberg, Alexandra (2007): Solvenztest statt Mindestkapital - Zukunft des bilanziellen Kapitalschutzes, in: PiR, 3. Jahrgang, Nr. 10/2007, S. 279 und Haaker, Andreas; Hoffmann, Wolf-Dieter (2009), S. 172.

Als Vorteil stellt sich heraus, dass für Unternehmen die Handelsbilanz wegfällt, so dass die Abschlussvielfalt reduziert wird. Aktiengesellschaften stellen in der Regel ohnehin Finanzpläne zur Investitionsplanung und zur Sicherung der Zahlungsfähigkeit auf, so dass der Solvenztest kaum zusätzliche Kosten verursacht. [63]

4.2 Konzept der informationsorientierten Kapitalerhaltung

Das Konzept der informationsorientierten Kapitalerhaltung hat einen Kompromiss der Informationsfunktion und der Kapitalerhaltung zum Ziel. Dieses Konzept basiert auf der Idee, dass sowohl die Informationsfunktion als auch die Kapitalerhaltung in einem einzigen Jahresabschluss berücksichtigt werden können. Dabei sollen im Vermögensausweis die Vermögenswerte teilweise zu Zeitwerten entsprechend dem Informationsinteresse der Jahresabschlussadressaten abgebildet werden, wodurch stille Reserven aufgedeckt werden, und der Gewinnausweis soll den unter Kapitalerhaltungsgesichtspunkten ermittelten ausschüttungsfähigen Gewinn dokumentieren. Zwingendermaßen muss dadurch der strenge Gewinnzusammenhang zwischen Bilanz und GuV aufgegeben werden.

Das Konzept schränkt die Möglichkeit der Bilanzpolitik ein, denn Wahlrechte verhindern die Vergleichbarkeit von Jahresabschlüssen verschiedener Unternehmen. Gleiche Sachverhalte müssen immer zu gleich hohen Erfolgsbeiträgen führen und dürfen nicht in gewissen Maßen dem Ermessen des Unternehmens unterliegen. [64] Bewertungsalternativen dürfen nur auf die Weise ausgelegt werden, dass sie den besten oder auch dem der Realität entsprechenden Informationsgehalt für die Adressaten vermitteln. Diese dürfen ausschließlich für Informationszwecke ergebnisneutral in der Bilanz und im später vorgestellten latenten Ergebnis zum Einsatz kommen. Denn der „erfolgswirksame" Gewinnausweis in der GuV darf unter keinen Umständen aufgrund möglicher Wahlrechte durch das Unternehmen gestaltet oder - kritischer ausgedrückt - verfälscht werden.

---

[63] Vgl. Brandt, Eva; Jödicke, Dirk; Richard, Marc (2007), S. 359.
[64] Vgl. Baus, Josef (2003), S. 203-205.

Die Bewertung von Vermögensgegenständen zu fortgeführten Anschaffungs- und Herstellungskosten (AHK), wie sie in der Handelsbilanz praktiziert wird, in Verbindung mit dem Niederstwertprinzip (siehe Kapitel 5.1.1 Das Vorsichtsprinzip), führt regelmäßig zu einem zu niedrigen Ausweis und zur Bildung stiller Reserven. Da der Ausweis stiller Reserven ein erhebliches Manipulationspotential und ein Informationsdefizit birgt, soll dies mit der informationsorientierten Kapitalerhaltung nicht möglich sein. Deswegen werden in der Bilanz in diesem Konzept realistische, zeitnahe Wertansätze für verkehrsfähige Vermögensgegenstände ausgewiesen. Durch eine Zeitwertbilanzierung erhält der Jahresabschluss einen höheren Informationsgehalt. Daraus resultieren jedoch Wertveränderungen, die nach dem Kapitalerhaltungsgrundsatz nicht zu Gewinnen führen dürfen, da diese nicht realisiert wären. Stattdessen könnten solche unrealisierten Wertveränderungen ergebnisneutral in einer neu geschaffenen Position, dem „latenten Ergebnis" oder dem „latenten Eigenkapital", berücksichtigt werden. Diese Idee stammt aus einer ähnlichen Vorgehensweise aus den IFRS, welche eine sogenannte Neubewertungsrücklage im sonstigen Ergebnis (= other comprehensive income) kennen. Gewinne aus dem latenten Ergebnis stellen keine realisierten Gewinne dar und dürfen auf keinen Fall ausgeschüttet werden. Vielmehr sind sie realisierbare Gewinne der Zukunft.[65]

Im Gewinnausweis der GuV, wie schon oben erwähnt, dürfen nur realisierte Erträge und deren zuzurechnenden Ausgaben als Grundlage für Gewinnausschüttungen enthalten sein. Somit kann der Jahresabschluss ebenfalls der Kapitalerhaltung gerecht werden.

Vermögensgegenstände, die ausschließlich zur betrieblichen Nutzung und nicht zur Veräußerung bestimmt sind, würden in der Bilanz jedoch nicht zu Zeitwerten, sondern zu deren fortgeführten Anschaffungs- und Herstellungskosten (AHK) angesetzt werden. Begründet wird dieses Vorgehen damit, dass ein Unternehmen Gewinne ausschließlich über Umsatzprozesse erzielt und deshalb nur solche Vermögensgegenstände, die einem Umsatzprozess zugänglich sind, aufgrund von Zeitwertveränderungen zu unrealisierten Gewinnen führen dürfen. Die Ausgaben für betrieblich genutzte Gegenstände werden als Abschreibung auf die Nutzungsdauer verteilt. Dadurch können sie ihren zuzurech-

---

[65] Vgl. Baus, Josef (2003), S. 203-204, S. 212.

nenden Erträgen zugeordnet werden (gemäß der sachlichen Abgrenzung, beschrieben in Kapitel 5.1.2).[66]

Ein solcher Jahresabschluss bietet darüber hinaus die Möglichkeit, auch immaterielle Werte, die bisher nicht bilanzierungsfähig waren, ergebnisneutral offen zu legen. Dadurch steigt der Informationsgehalt der Bilanz, weil zusätzliche stille Reserven, die in der heutigen Dienstleistungs- und Wissensgesellschaft beträchtlich hoch sein können, aufgedeckt werden.[67]

Die Abbildung 4.1 veranschaulicht die Funktionsweise des Konzeptes der informationsorientierten Kapitalerhaltung:

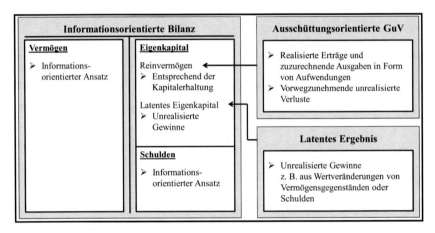

Abbildung 4.1: Veranschaulichung der informationsorientierten Kapitalerhaltung

---

[66] Vgl. Baus, Josef (2003), S. 214.
[67] Vgl. Baus, Josef (2003), S. 205.

5. Betrachtung der Kapitalerhaltung

Der Fokus in diesem Buch liegt auf dem Gewinnausweis. Da der Gewinnausweis nach dem Konzept der informationsorientierten Kapitalerhaltung insbesondere auf die Ermittlung und den Ausweis des ausschüttungsfähigen, realisierten Gewinnes abzielt, soll im Folgenden die damit verbundene Kapitalerhaltung genauer untersucht werden. Die GoB, welche im Zusammenhang mit der Kapitalerhaltung stehen, können erste Anregungen für die Gewinnermittlung im vorgestellten Konzept sein. Im zweiten Abschnitt wird dann die tatsächliche Eignung dieser GoB für die informationsorientierte Kapitalerhaltung anhand ausgewählter Jahresabschlusspositionen reflektiert.

5.1 Die Kapitalerhaltung unterstützenden GoB

Allgemein unterscheidet der Fachmann zwei Ausrichtungen der Kapitalerhaltung. Die nominelle Kapitalerhaltung verfolgt das Ziel, den in das Unternehmen investierten Geldbetrag nominell zu erhalten. Der Gewinn ist der Betrag, der darüber hinaus erwirtschaftet wurde und ist demnach ausschüttungs- und versteuerungsfähig. In diesem Konzept geht es also um die Bewahrung des ursprünglichen Eigenkapitals, so dass die Haftungsmasse des Unternehmens nicht angerührt wird.

Die reale Kapitalerhaltung möchte darüber hinaus die Kaufkraft des investierten Geldes erhalten. Beachtung findet hierbei also die Preissteigerung bzw. Inflation, welche nicht zu sogenannten „inflationsbedingten Scheingewinnen" führen dürfen. Ein Beispiel hierzu:

≡ *Wurde zu Beginn der Unternehmenstätigkeit ein gezeichnetes Kapital von 100.000 €*
   eingezahlt, muss gegen Ende des Jahres nicht nur dieser Betrag, sondern bei einem
   allgemeinen Kaufkraftverlust des Geldes von 5 % ein Betrag von 100.000 € x 1,05 =
   105.000 € im Unternehmen erhalten bleiben.[68]

---

[68] Baus, Josef (1999), S. 22-23.

Das Konzept der realen Kapitalerhaltung wird bisher in noch keinem Rechnungslegungssystem berücksichtigt und wird in diesem Buch keine weitere Beachtung finden.

Jetzt zu der Frage, worin der Zusammenhang zwischen den GoB und der Kapitalerhaltung besteht: Eng verbunden mit dem Gläubigerschutz ist der Wunsch nach Kapitalerhaltung. Daher ist vorzugsweise das gläubigerorientierte HGB geeignet, allgemeine Regeln für die Erfüllung der Kapitalerhaltung zu extrahieren. Vor allem das Prinzip der Vorsicht als übergeordneter Grundsatz und das Realisationsprinzip sowie das Imparitätsprinzip, die beide diesem Grundsatz zugehören, sind GoB, die dem Gläubigerschutz Rechnung tragen. Diese Grundsätze verleihen der Gewinnermittlung insbesondere einen umsatzabhängigen und verlustantizipierenden Charakter. Ferner wird der Gewinn als eine Ausschüttungsobergrenze gesehen, wodurch ein zu großer Abfluss von Haftungsvermögen an die Gesellschafter verhindert wird. [69]

5.1.1 Das Vorsichtsprinzip

Das Vorsichtsprinzip ist eines der wichtigsten handelsrechtlichen Bewertungsgrundsätze, das vor allem der Kapitalerhaltung dient. Mit dem Vorsichtsprinzip werden überhöhte Gewinne verhindert, wodurch die Haftungssubstanz gegenüber den Gläubigern erhalten bleibt. Es ist im § 252 Abs. 1 Nr. 4 HGB fixiert und besagt: „Es ist vorsichtig zu bewerten […]". Dieses Prinzip geht auf die Vorstellung eines vorsichtigen Kaufmannes zurück, der sich nicht reicher rechnet, als er ist, sondern im Zweifelsfall eher ärmer. Liegen also am Bilanzstichtag mehrere mögliche und gleich wahrscheinliche Wertansätze vor, so sind Vermögensteile eher niedrig und Schulden eher hoch anzusetzen. Genau dieser Tatbestand wird in dem Niederst- und dem Höchstwertprinzip wieder aufgegriffen, welche daher auch Unterprinzipien des Grundsatzes der Vorsicht darstellen. Unzulässig ist jedoch die Bewertung zu einem unwahrscheinlichen Wert aufgrund des Grundsatzes der Richtigkeit und Willkürfreiheit. [70]

---

[69] Vgl. Wöltje, Jörg (2007): Trainingsbuch IFRS: Von der Umstellung auf IFRS bis zur fertigen Bilanz, 1. Aufl., München, S. 27.
[70] Vgl. Deitermann, Manfred; Rückwart, Wolf-Dieter; Schmolke, Siegfried (2010), S. 256 und 260 und Coenenberg, Adolf G.; Haller, Axel; Schultze, Wolfgang (2009), S. 40.

Das Prinzip der Vorsicht selbst ist solange unbedeutend, wie nur gezählt, gemessen und berechnet wird. Erst bei Schätzungen, insbesondere bei von zukünftigen Entwicklungen abhängigen Bewertungen, tritt das Vorsichtsprinzip in Vorschein.[71] Dies ist der Fall bei der Bilanzierung von Rückstellungen, weil deren Werte regelmäßig geschätzt werden müssen. Oftmals weiß man nicht, wie hoch die Vermögensbelastung in Zukunft sein wird, sondern meist gibt es lediglich eine Bandbreite subjektiv eingeschätzter Werte, die auf zurückliegenden ähnlichen Erfahrungen beruhen. In diesem Fall ist gemäß dem Vorsichtsprinzip der höchste noch realistische Wert anzusetzen. Dadurch wird der Gewinn nach unten gedrückt.[72]

Ein weiteres Anwendungsbeispiel ist die Festlegung von Abschreibungszeiträumen von beispielsweise Maschinen. Die Nutzungsdauer von Maschinen ist nicht immer eindeutig. Wird sie zum Beispiel auf 10 bis 15 Jahre eingeschätzt, sollte der Zeitraum von 10 Jahren herangezogen werden. Dies bewirkt in jedem Bilanzjahr eine niedrigere Bewertung der Maschine als mit der Zugrundelegung einer längeren Nutzungsdauer. Des Weiteren sind entsprechende Aufwendungen höher, wodurch der ausgewiesene Gewinn reduziert wird.

Zuletzt ist in diesem Zuge noch die Schätzung des nicht einbringlichen Betrages einer Forderung zu nennen. Stehen mehrere gleich wahrscheinliche Beträge in Betracht, so ist daraus der höchste zu wählen, so dass die Forderung eher niedriger ausgewiesen wird.[73]

Das Niederstwertprinzip hängt mit dem Vorsichtsprinzip zusammen und ist im § 253 Abs. 3 Satz 3 und Abs. 4 HGB geregelt. Demnach sind Gegenstände des Anlagevermögens bei dauerhafter Wertminderung außerplanmäßig abzuschreiben und Gegenstände aus dem Umlaufvermögen sind auch bei nicht dauerhafter Wertminderung auf den niedrigeren Wert zu korrigieren.

Das Höchstwertprinzip ergibt sich aus dem Vorsichtsprinzip, ist aber nicht explizit im HGB kodifiziert. Es schreibt vor, dass bei Schulden von zwei möglichen Wertansätzen jeweils der höhere zu wählen ist. Dieser Grundsatz kommt regelmäßig bei langfristigen

---

[71] Vgl. Leffson, Ulrich (1987), S. 269-270.

[72] Vgl. Coenenberg, Adolf G.; Haller, Axel; Schultze, Wolfgang (2009), S. 40-41.

[73] Vgl. Solmecke, Henrik (2009): Auswirkungen des Bilanzrechtsmodernisierungsgesetzes (BilMoG) auf die handelsrechtlichen Grundsätze ordnungsmäßiger Buchführung, Düsseldorf, S. 246.

Fremdwährungsposten zum Tragen. Ziel ist dabei, dass das Unternehmen in der Lage ist, seine Schulden zum Fälligkeitszeitpunkt zu begleichen.[74]

Weitere Anwendung findet das Vorsichtsprinzip im Anschaffungswertprinzip (§ 253 Abs. 1 HGB). Vermögensgegenstände dürfen nicht höher als zu ihren historischen Anschaffungs- und Herstellungskosten (AHK) in der Bilanz angesetzt werden. Damit wird sichergestellt, dass tatsächlich nur realisierte Gewinne gemäß dem Realisationsprinzip (siehe Kapitel 5.1.2 Das Realisationsprinzip) ausgewiesen werden.[75]

5.1.2 Das Realisationsprinzip

Das Realisationsprinzip ist im § 252 Abs. 1 Nr. 4 HGB geregelt. Sein Wortlaut ist: „[...] Gewinne sind nur zu berücksichtigen, wenn sie am Abschlußstichtag realisiert sind." Damit legt dieses Gesetz den Zeitpunkt des Gewinnausweises fest. Dennoch definiert diese Vorschrift nicht genau, wann ein Gewinn realisiert ist. Im deutschen Bilanzrecht gelten Gewinne als realisiert, wenn sie so gut wie sicher sind. Die Literatur verweist vorwiegend auf den Zeitpunkt des Gefahrenübergangs, der meistens zum Zeitpunkt der Lieferung vorliegt. In den häufigsten Fällen ist demzufolge der Gewinnausweis an den Umsatzakt geknüpft. Der Zeitpunkt der Bezahlung bzw. der Rechnungserteilung spielt beim Ausweis des Gewinnes daher keine Rolle.[76] Gleiches besagt auch § 252 Abs. 5 HGB: „Aufwendungen und Erträge des Geschäftsjahres sind unabhängig von den Zeitpunkten der entsprechenden Zahlungen im Jahresabschluß zu berücksichtigen."

Mit der Bindung des Gewinnausweises an den Realisationszeitpunkt verhindert das Realisationsprinzip den Ausweis von nur vagen Gewinnchancen und unsicherer Wertsteigerungen am ruhenden Vermögen, so dass diese auch nicht als Gewinne ausgeschüttet werden können. Hierin besteht auch die kapitalerhaltende Wirkung des Prinzips.[77]

---

[74] Vgl. Coenenberg, Adolf G.; Haller, Axel; Schultze, Wolfgang (2009), S. 120.

[75] Vgl. Deitermann, Manfred; Rückwart, Wolf-Dieter; Schmolke, Siegfried (2010), S. 260.

[76] Vgl. Kierzek, Sonja; Wüstemann, Jens (2007): Normative Bilanztheorie und Grundsätze ordnungsmäßiger Gewinnrealisierung für Mehrkomponentenverträge, in: Zfbf, 59. Jahrgang, S. 888; Baus, Josef (1999), S. 22-23 und Auer, Benjamin; Schmidt, Peer (2012), S. 37.

[77] Vgl. Federmann, Rudolf (2010): Bilanzierung nach Handelsrecht, Steuerrecht und IAS/IFRS: Gemeinsamkeiten, Unterschiede und Abhängigkeiten - mit über 180 Abbildungen, 12. Aufl., Berlin, S. 224.

Solange der Realisationszeitpunkt noch nicht eingetroffen ist, sind Unternehmenserzeugnisse gemäß dem Anschaffungswertprinzip (§ 253 Abs. 1 HGB) höchstens mit den AHK in der Bilanz auszuweisen.[78]

Diese Regel gemeinsam mit dem Realisationsprinzip bewirkt, dass Anschaffungs- und Herstellungsvorgänge grundsätzlich gewinnneutral behandelt werden. In Einzelfällen können daraus gegebenenfalls Verluste entstehen. Diese liegen dann vor, wenn die tatsächlichen Aufwendungen für die Anschaffung und Herstellung höher sind als die gesetzlich festgelegte Wertobergrenze zur Bilanzierung von Vermögen (siehe § 255 Abs. 1-3 HGB).[79]

Außerdem führen Wertsteigerungen von Vermögensgegenständen, die durch deren Innehaben entstehen, nicht zu Gewinnen. Grund dafür ist, dass diese Wertveränderungen aufgrund einer möglichen zukünftigen Wertumkehr nicht sicher realisiert sind.[80]

Eng mit dem Realisationsprinzip in Verbindung steht des Weiteren der Grundsatz der sachlichen Abgrenzung. Er legt fest, dass Aufwendungen zur Erstellung einer Leistung in der Periode zu berücksichtigen sind, in der die Leistung als Ertrag realisiert wird.

Es sind auch künftige Aufwendungen, die mit dem Ertrag im Zusammenhang stehen, zu dessen Realisationszeitpunkt zu berücksichtigen, also vorwegzunehmen. Damit wird gewährleistet, dass diese Aufwendungen tatsächlich durch Umsatzerlöse gedeckt werden können. Anwendung findet diese Regel beispielsweise in Form von Gewährleistungsrückstellungen für zukünftige Aufwendungen oder auch in Form von Rekultivierungsrückstellungen für Aufwendungen des nächsten Jahres zur Wiederauffüllung einer ausgebeuteten Kiesgrube.[81]

Um den Vorgang der Realisation zu definieren, kämen folgende Zeitpunkte in Betracht:
- der Vertragsabschluss
- der Abschluss der Leistungserstellung
- der Zufluss der vertraglich vereinbarten Einnahmen

---

[78] Vgl. Coenenberg, Adolf G.; Haller, Axel; Schultze, Wolfgang (2009), S. 42.
[79] Vgl. Eitzen, Bernd von; Zimmermann, Martin (2010), S. 164.
[80] Vgl. Moxter, Adolf (2003), S. 41.
[81] Vgl. Coenenberg, Adolf G.; Haller, Axel; Schultze, Wolfgang (2009), S. 42 und Moxter, Adolf (2003), S. 48-49.

Der Vertragsabschluss ist als Realisationszeitpunkt auszuschließen, da noch nicht sicher ist, ob die Leistungserstellung wirklich stattfinden und zur gewünschten Leistung führen wird. Auch die genaue Höhe des erwarteten Gewinns kann noch nicht festgestellt werden. Beide Vertragsparteien unterliegen noch einem erheblichen Vertragserfüllungs-risiko.

Würde der Zahlungszufluss als Realisationszeitpunkt zugrunde gelegt, so würde der Zeitpunkt bei einer Zahlung auf Ziel unnötig weit herausgezögert. Eine Vereinbarung zur späteren Zahlung hat jedoch ausschließlich Finanzierungscharakter für den Kunden und kann daher nicht als Realisationszeitpunkt gesehen werden. Diese Zielvereinbarung kann deswegen als getrenntes Kreditgeschäft, abgespalten vom Leistungserbringungs-prozess, gesehen werden. Eine Realisation bei Zahlungszufluss würde das Vorsichts-prinzip überbetonen. Weiterer Kritikpunkt an der Orientierung am Zahlungseingang stellt die Manipulationsfähigkeit der Zahlungstermine dar. Denn diese sind unabhängig von der Leistungserbringung frei vereinbar.[82]

Zuletzt ist der Abschluss der Leistungserstellung als möglicher Realisationszeitpunkt zu überprüfen. Solange noch ein Abnahmerisiko besteht, ist auch dieser nicht ausschlagge-bend für den Realisationszeitpunkt. Dies könnte der Fall sein, wenn dem Empfänger ein Rückgaberecht nach freiem Ermessen eingeräumt wurde. Dann muss der Zeitpunkt der Abnahme oder des Ablaufes der Rückgabefrist abgewartet werden.[83] Erst wenn die Preisgefahr auf den Vertragspartner übergeht, entstehen ein quasi sicherer Anspruch des Bilanzierenden auf Gegenleistung des Vertragspartners und damit ein nach Ausschüt-tungsgesichtspunkten gerechtfertigter und realisierter Ertrag. Mehrere Kriterien müssen daher nach h.M. gleichzeitig erfüllt sein:

- Abgeschlossener Kaufvertrag über den Vermögenswert
- Erbringung der geschuldeten Leistung
- Verlassen der Vermögensgegenstände aus dem Verfügungsbereich des leistenden Unternehmens
- Abrechnungsfähigkeit der Leistung

---

[82] Vgl. Federmann, Rudolf (2010), S. 224-225.
[83] Vgl. Leffson, Ulrich (1987), 262-264.

Ausschlaggebend ist letzten Endes, dass das leistungserstellende Unternehmen alle Maßnahmen zur Vertragserfüllung ergriffen hat und der Anspruch auf Gegenleistung ausschließlich durch eine mögliche Minderung aufgrund einer Mängelrüge und die Zahlungsunfähigkeit des Vertragspartners gefährdet ist. Diese Risiken können in der Regel zum Beispiel mit einem durchschnittlichen Erfahrungssatz quantifiziert werden und daher als Rückstellungen berücksichtigt werden. Die Hauptrisiken aus dem Absatzgeschäft, nämlich das Beschaffungs-, Produktions-, Absatz- und Preisrisiko, sind bereits eliminiert.[84]

Der Gewinn gilt als realisiert, wenn das Unternehmen einen quasi sicheren Anspruch auf Gegenleistung erlangt hat, welcher in der Regel „bei Beendigung des Schwebezustands des Geschäfts durch die (wirtschaftliche) Erfüllung des Sach- und Dienstleistungsverpflichteten"[85] vorliegt.

5.1.3 Das Imparitätsprinzip

Zuletzt ist das Imparitätsprinzip als Kapitalerhaltungs-GoB aufzuführen. Es besagt, dass „alle vorhersehbaren Risiken und Verluste, die bis zum Abschlußstichtag entstanden sind, zu berücksichtigen [sind], selbst wenn diese erst zwischen dem Abschlußstichtag und dem Tag der Aufstellung des Jahresabschlusses bekanntgeworden sind" (§ 252 Abs. 1 Nr. 4 HGB). Das bedeutet, dass alle bis zum Abschlussstichtag verursachten drohenden Verluste und Risiken, auch wenn sie noch nicht eingetreten sind, zu antizipieren sind. Diese Verluste und Risiken lassen sich als Aufwendungen definieren, die zum Zeitpunkt ihrer Realisierung vermutlich nicht durch zugehörige Erträge gedeckt werden.[86] Daher entsteht eine Ungleichbehandlung zwischen Gewinnen und Verlusten. Die Abbildung 5.1 veranschaulicht die Wirkung des Imparitätsprinzips.

---

[84] Vgl. Küting, Karlheinz; Pfitzer, Norbert; Weber, Claus-Peter (2011): IFRS oder HGB?: Systemvergleich und Beurteilung, Stuttgart, S. 78. und Federmann, Rudolf (2010), S. 224-225.
[85] Kierzek, Sonja; Wüstemann, Jens (2007), S. 890.
[86] Vgl. Moxter, Adolf (2003), S. 55.

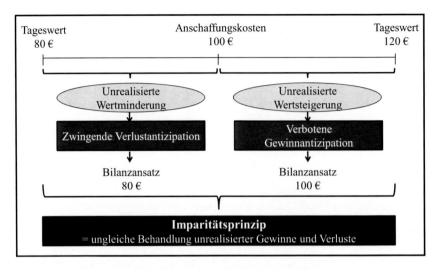

Abbildung 5.1: Wirkung des Imparitätsprinzips – Beispiel Vorratsvermögen
Quelle: In Anlehnung an Döring, Ulrich; Wöhe, Günter (2008): Einführung in die allgemeine Betriebswirtschaftslehre, 23. Aufl., München, S. 736.

Ferner sind in diesem Kontext werterhellende Informationen, also solche Informationen, die erst nach dem Abschlussstichtag aber vor der Aufstellung des Jahresabschlusses bekannt wurden, in den Jahresabschluss einzubeziehen.

Das Imparitätsprinzip bezweckt eine vorsorgliche Gewinnverteilungssperre für erwartete negative Erfolgsbeiträge. Dadurch wird die Ausschüttung von Gewinnen verhindert, die dann für den Ausgleich dieser erwarteten Verluste in Zukunft benötigt werden. Im Falle, dass die Verluste dann doch nicht eintreten, kann die Gewinnausschüttung später ohne Bedenken nachgeholt werden. Damit hat auch das Imparitätsprinzip kapitalerhaltenden Charakter.[87]

Folgegrundsatz des Imparitätsprinzips ist das bereits unter Kapitel 5.1.1 vorgestellte Niederstwertprinzip. Als Referenzwerte kommen dabei der Nettorealisationswert, der bei Verkauf des Vermögensgegenstandes erzielt werden würde, und der Barwert, der sich aufgrund der Nutzung und der damit einhergehenden Einzahlungen des Vermö-

---

[87] Vgl. Weber, Jürgen; Weißenberger, Barbara E. (2010), S. 235.

gensgegenstandes ergibt, in Frage. Heranzuziehen ist der höhere Wert von beiden, da dieser die günstigere Verwendungsweise für den Vermögensgegenstand widerspiegelt.[88]

Ein Beispiel zur Verdeutlichung:

≡ *Ein Unternehmen kauft Waren im Wert von 150 €, um diese im folgenden Geschäftsjahr zu veräußern. Zum Bilanzstichtag sinkt der potentielle Nettoveräußerungspreis auf 135 €. Gemäß dem Imparitätsprinzip muss der drohende Verlust von 15 € vorweggenommen werden, indem dieser durch Abwertung der Ware auf 135 € ausgewiesen wird. Wird im Folgejahr die Ware tatsächlich zu 135 € verkauft, so bleibt das Umsatzjahr verlustfrei.[89]*

In diesem Zuge ist außerdem das ebenfalls im Kapitel 5.1.1 aufgeführte Höchstwertprinzip zu nennen.

Weitere Anwendung findet das Imparitätsprinzip im Falle von Drohverlustrückstellungen. Diese werden für wahrscheinliche Verluste aus schwebenden Geschäften zum Zeitpunkt der Kenntnisnahme gebildet.[90]

5.2 Umsetzung der Kapitalerhaltung im Konzept der informationsorientierten Kapitalerhaltung

Ob diese gerade vorgestellten GoB immer und ohne Ausnahme für das Konzept der informationsorientierten Kapitalerhaltung geeignet sind, ergibt die folgende Untersuchung, welche einige Jahresabschlusspositionen genauer beleuchtet. Zum Ziel hat dieses Konzept unter anderem den Ausweis des ausschüttungsfähigen Gewinns, welcher unter Kapitalerhaltungsgesichtspunkten ermittelt werden soll, wobei das Prinzip der Vorsicht dennoch nicht überbewerten werden darf.

---

[88] Vgl. Coenenberg, Adolf G.; Haller, Axel; Schultze, Wolfgang (2009), S. 43.
[89] Vgl. Moxter, Adolf (2003), S. 55.
[90] Vgl. Coenenberg, Adolf G.; Haller, Axel; Schultze, Wolfgang (2009), S. 43-44.

An dieser Stelle ist anzumerken, dass die folgenden Erläuterungen ausschließlich Auswirkungen auf die GuV in der informationsorientierten Kapitalerhaltung haben und keineswegs als tatsächliche Wertansätze in der Bilanz gesehen werden dürfen.

5.2.1 Anlagevermögen

Das Anlagevermögen umfasst Vermögensgegenstände, die dem Geschäftsbetrieb auf Dauer dienen. Die Bewertungsgrundlage für den ausschüttungsfähigen Gewinn werden die AHK sein, da es das Anlagevermögen ist, welches die vorgenommenen Ausgaben, die den Erträgen gegenüberzustellen sind, widerspiegelt. Die AHK dienen zwar als Grundlage zur Ermittlung des Gewinns, dabei ist jedoch niemals zu vergessen, dass sie so nicht in der Bilanz der informationsorientierten Kapitalerhaltung erscheinen werden. Denn in der Bilanz ist das Vermögen entsprechend der Informationsbedürfnisse der Adressaten auszuweisen.[91]

a) *Abnutzbares Anlagevermögen*

Wie im Handelsrecht vorgeschrieben, sollten die Ausgaben für abnutzbare Vermögensgegenstände auch bei der informationsorientierten Kapitalerhaltung durch planmäßige Abschreibungen auf deren Nutzungsdauer verteilt werden (§ 253 Abs. 3 HGB). Die Regelung des Handelsrechtes soll jedoch dahingehend eingeschränkt werden, dass diejenige Abschreibungsmethode zwingend zu wählen ist, die den erwarteten wirtschaftlichen Nutzenverlauf korrekt abbildet (IAS 16.60 und IAS 16.62). Ein Restwert soll in die Methode nur eingerechnet werden, wenn dieser für die Berechnung des Abschreibungsbetrages wesentlich ist (IAS 16.53).

Das Vorsichtsprinzip wird bei der Festlegung der Nutzungsdauer zurückgedrängt, denn diese beruht ausschließlich auf der besten Schätzung der voraussichtlichen Nutzung auf Grundlage der Unternehmenserfahrungen (IAS 16.56 und IAS 16.57). Der Ansatz eines kürzeren Zeitraumes ist als übertriebene Vorsicht zu werten und unzulässig.

---

[91] Vgl. Baus, Josef (2003), S. 206.

Die Kapitalerhaltung kann stattdessen durch außerplanmäßige Abschreibungen auf den beizulegenden Wert gesichert werden. Als beizulegender Wert kommt ausschließlich der Nutzungswert in Betracht, da die Anlage zu diesem Zweck bestimmt ist. Solange die voraussichtlichen Einnahmeüberschüsse den Buchwert decken, ist keine solche Abschreibung vorzunehmen. Entsprechend dem Niederstwertprinzip ist das Anlagevermögen nur bei dauerhafter Wertminderung abzuschreiben.

Bei Wegfall des Abschreibungsgrundes muss jedoch keine Wertaufholung, wie im HGB vorgeschrieben, vorgenommen werden, denn die Unterlassung würde der Kapitalerhaltung nicht schaden.[92]

b) Nicht abnutzbares Anlagevermögen

Bei nicht abnutzbarem Anlagevermögen ist eine außerplanmäßige Abschreibung nur, wenn der beizulegende Wert die AHK des Vermögens dauerhaft unterschreiten, vorzunehmen. Eine planmäßige Abschreibung ist unzulässig.

Wird das Vermögen betrieblich genutzt, so ist der Nutzenwert als beizulegender Zeitwert anzusetzen. Abzuschreiben ist also nur, wenn die voraussichtlichen Einzahlungsüberschüsse aufgrund der Nutzung des Gegenstandes die AHK nicht decken können. Liegt keine betriebliche Nutzung vor, so ist der beizulegende Zeitwert mit dem Nettoveräußerungspreis identisch.

Eine Wertaufholung in Form eines ausschüttungsfähigen Gewinnes ist in beiden Fällen anders als im HGB nicht gestattet. Der Grund ist, dass im Falle der Beschaffung desselben Gegenstandes zum Zeitpunkt der Wertminderung auch kein höherer Ansatz erlaubt wäre, da das Anschaffungswertprinzip keinen höheren Wertansatz als die Anschaffungskosten duldet. Und wie bereits in Kapitel 4.2 erläutert, darf der gleiche Sachverhalt nicht zu unterschiedlichen Gewinnausweisen führen.[93]

---

[92] Vgl. Baus, Josef (2003), S. 206-208.
[93] Vgl. Baus, Josef (2003), S. 208.

5.2.2 Umlaufvermögen

Im Umlaufvermögen sind Gegenstände auszuweisen, die nur vorübergehend im Unternehmen verbleiben, um dann im Rahmen des Betriebsprozesses das Unternehmen wieder zu verlassen.[94]

a) Vorräte

Die Vorräte als Untergruppe des Umlaufvermögens stellen an sich Ausgaben dar, die in Zukunft im Rahmen des Umsatzaktes durch Gegenüberstellen der Erträge zu Erfolgsbeiträgen führen werden. Ihre Bewertungsgrundlage sind die AHK (§ 253 Abs. 1 HGB). Anders als im Handelsrecht sollte kein Wahlrecht für die Einbeziehung von Gemeinkosten in die Herstellungskosten bestehen, sondern der Vollkostenansatz, wie ihn die IFRS kennen, muss gelten. Alle Kosten, die einem Vermögensgegenstand zurechenbar sind bzw. die angefallen sind, um den Vermögensgegenstand in den aktuellen Zustand zu versetzen, müssen eingerechnet werden (IAS 2.10). Ein niedrigerer Ansatz ist als übertriebene Vorsicht zu interpretieren.

Außerdem ist das Vorratsvermögen nicht gleich bei einer Wertminderung der Rohstoffe abzuwerten, sondern erst, wenn das mit dem Vermögen beabsichtigte Verkaufsgeschäft unprofitabel wird. Denn ein Wertverlust eines Rohstoffes kann dennoch zu einem gewinnbringenden Umsatzprozess führen, weshalb die Kapitalerhaltung durch die beschriebene Vorgehensweise nicht behindert würde.

Aufgrund dieses Niederstwerttestes, der gegebenenfalls zur Abwertung des Vorratsvermögens führt, ist ein besonders vorsichtiges Sammelbewertungsverfahren wie die Lifo-Methode überflüssig. Stattdessen bevorzugt die informationsorientierte Kapitalerhaltung die Durchschnitts-Methode oder die Fifo-Methode in Anlehnung an IAS 2.25.
Eine besondere Behandlung kommt der Bilanzierung von langfristigen Fertigungsaufträgen zu. Daher werden diese im Kapitel 6.2 „Bilanzierung von langfristigen Fertigungsaufträgen" genauer betrachtet.[95]

---

[94] Vgl. Baus, Josef (2003), S. 209.
[95] Vgl. Baus, Josef (2003), S. 209-210.

b) Sonstiges Umlaufvermögen

Alle anderen Vermögenswerte aus dem Umlaufvermögen sind zu den AHK zu bewerten. Dabei gilt für sie das Niederstwertprinzip zum Ausweis eines geringeren erzielbaren Betrages. Wertsteigerungen über die AHK hinaus stellen keine realisierten Gewinne dar, stattdessen werden solche vielmehr in das latente Ergebnis gebucht.[96]

5.2.3 Schulden

Schulden sind Verpflichtungen des Unternehmens, die in Zukunft zum Abfluss von Ressourcen aus dem Unternehmen führen werden und somit eine Belastung des Vermögens darstellen. Zu ihnen gehören nicht nur Verbindlichkeiten, sondern auch Rückstellungen.

a) Verbindlichkeiten

Verbindlichkeiten sind sichere Verpflichtungen gegenüber Dritten, deren Höhe und Fälligkeitszeitpunkt bereits bekannt sind. Gemäß § 253 Abs. 1 HGB sind sie zu deren Erfüllungsbetrag anzusetzen, als derjenige Betrag, der erwartungsgemäß zu bezahlen ist. Bewertungsvorschriften kommen ausschließlich im Falle von Fremdwährungsverbindlichkeiten zum Tragen. Hier gelten die vorgestellten GoB zur Kapitalerhaltung uneingeschränkt. Kursverluste, die zu einem höheren Rückzahlungsbetrag führen, sind ergebniswirksam zu berücksichtigen (Höchstwertprinzip) und Kursgewinne stellen unrealisierte Gewinne dar, die ausschließlich im latenten Ergebnis auszuweisen sind (Realisationsprinzip).[97]

b) Rückstellungen

Rückstellungen werden für Verpflichtungen gebildet, die bezüglich ihrer Höhe oder ihrer Fälligkeit ungewiss sind. Sie sind im Imparitätsprinzip begründet und sollten dann ausgewiesen werden, wenn ihr Eintritt nicht unwahrscheinlich ist. Gemäß IFRS ist bei Schätzschwierigkeiten der Ausweis von Rückstellungen zu unterlassen. Diese Regel

---

[96] Vgl. Baus, Josef (2003), S. 210.
[97] Vgl. Baus, Josef (2003), S. 210.

kann aber in der informationsorientierten Kapitalerhaltung nicht befolgt werden, da schließlich ein Vermögensabgang droht und ein zu erwartender Verlust zum Zeitpunkt seines Bekanntwerdens vorwegzunehmen ist (Imparitätsprinzip). Die Vorgehensweise der IFRS würde die nominale Kapitalerhaltung gefährden.

Zur Bewertung ist der wahrscheinlichste Wert heranzuziehen und nur im Falle mehrerer gleich wahrscheinlicher Werte ist der jeweils höhere zur Befolgung des Vorsichtsprinzips anzusetzen.

Aufwandsrückstellungen sowie Rückstellungen aus schwebenden Geschäften für Beschaffungen, soweit diese durch zukünftige Einnahmen gedeckt sind, sollten unterlassen werden. Sie sind nämlich nicht zur Schuldendeckung notwendig.

Währenddessen sind Pensionsrückstellungenen ansatzpflichtig, da sie eine Versorgungszusage an Arbeitnehmer darstellen und somit zum zukünftigen Vermögensabfluss führen. Ihre Höhe ist mittels versicherungsmathematischer Methoden, welche die demographischen Entwicklungen einzubeziehen haben, zu ermitteln. Diese Rentenverpflichtungen sind zu ihrem Barwert anzusetzen (§ 253 Abs. 2 HGB).

In Gewährleistungs- bzw. Garantierückstellungen sind nicht nur gesetzlich und vertragsrechtlich vorgeschriebene Verpflichtungen zu berücksichtigen, sondern auch solche, die in der Regel aus Kulanzgründen gewährt werden.[98]

---

[98] Vgl. Baus, Josef (2003), S. 210-212.

6. Anwendungsbeispiele im Konzept der informationsorientierten Kapitalerhaltung

6.1 Bilanzierung von Grundstücken

Grundstücke bieten sich hervorragend an, um die Funktionsweise der informationsorientierten Kapitalerhaltung zu erklären. Denn wie sich in der fortlaufenden Text zeigen wird, werden sie in der Bilanz mit ihrem Zeitwert angesetzt, der aber keineswegs in der GuV zu realisierten Gewinnen führt.

6.1.1 Bilanzierungsmethoden gemäß HGB und IFRS

Zunächst zu den grundlegenden Merkmalen und den Bewertungsmethoden von Grundstücken nach bestehenden Gesetzen und Standards:

Grundstücke sind in der Regel Vermögensgegenstände des Anlagevermögens und werden in dem Sinne auf Dauer gehalten. Sie unterliegen der Besonderheit, dass sie nicht abnutzbar sind und daher auf keine zeitliche Nutzungsdauer begrenzt sind. Aus diesem Grund ist sowohl gemäß HGB als auch gemäß IFRS keine planmäßige Abschreibung für Grundstücke vorgesehen.

In der Handelsbilanz folgt die Bewertung von Grundstücken den GoB. Die Erstbewertung erfolgt zu Anschaffungs- und Herstellungskosten (AHK) und in der Folgebewertung darf auch kein höherer Wert als dieser angesetzt werden. Bei dauerhafter Wertminderung ist eine außerplanmäßige Abschreibung vorzunehmen und bei Wegfall des Abschreibungsgrundes muss der Wert wieder aufgeholt werden, aber maximal bis zu den AHK.[99]

Auch gemäß den IFRS werden für die Erstbewertung die AHK herangezogen. Die Folgebewertung kann jedoch mit zwei unterschiedlichen Methoden erfolgen, dem cost

---

[99] Vgl. Coenenberg, Adolf G.; Haller, Axel; Schultze, Wolfgang (2012), S. 151.

model oder dem revaluation model. Das cost model ähnelt der Vorgehensweise des HGBs sehr. Der Unterschied besteht darin, dass eine außerplanmäßige Abschreibung auch bei nicht dauerhafter Wertminderung zwingend vorzunehmen ist. Das revaluation model sieht einen Bilanzansatz zum beizulegenden Zeitwert (= Fair Value) vor. Dabei sind Wertsteigerungen von Grundstücken über die AHK hinaus erfolgsneutral in die Neubewertungsrücklage des sonstigen Ergebnisses (= other comprehensive income) einzustellen. Bei Wertminderung ist zunächst die Neubewertungsrücklage aufzulösen und bei Unterschreitung der AHK wird der Differenzbetrag zu den AHK erfolgswirksam als Abschreibung erfasst.[100] Die folgende Abbildung verdeutlicht die Behandlung von Wertveränderungen von Grundstücken im revaluation model:

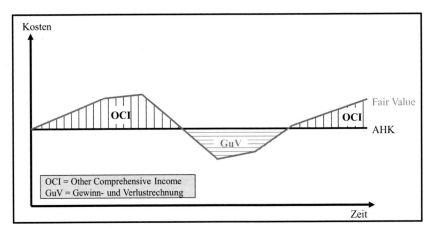

Abbildung 6.1: Ergebniswirksamkeit von Wertveränderungen im revaluation model

Wird ein Grundstück jedoch als Finanzanlage gehalten, so wird statt dem revaluation model das fair value model vorgeschrieben, welches sämtliche Wertänderungen unabhängig davon, ob sie sich oberhalb oder unterhalb der AHK bewegen, erfolgswirksam in der GuV erfasst. Auch hier stellt das cost model eine Bewertungsalternative dar.[101]

---

[100] Vgl. KPMG AG Wirtschaftsprüfungsgesellschaft (Hrsg.) (2012): IFRS visuell: Die IFRS in strukturierten Übersichten, 5. Aufl., Stuttgart, S. 39-42.
[101] Vgl. KPMG AG Wirtschaftsprüfungsgesellschaft (Hrsg.) (2012), S. 111-112.

6.1.2 Grundstücke in der informationsorientierten Kapitalerhaltung

Bei der Bilanzierung von Grundstücken gemäß dem Konzept der informationsorientierten Kapitalerhaltung müssen die Bewertungsregeln für die Bilanz und für die GuV getrennt betrachtet werden.

Die GuV darf ausschließlich realisierte Gewinne zur Kapitalerhaltung ausweisen. Deswegen bietet es sich an, sich bei der Gewinnermittlung an den Bilanzierungsregeln des HGB zu orientieren. Nur das Gebot der Wertaufholung trägt nicht zur Kapitalerhaltung bei und findet daher in der informationsorientierten Kapitalerhaltung in der GuV keine Anwendung. Das Wertaufholungsverbot lässt sich wie folgt begründen: Wäre das Grundstück zum Zeitpunkt der Wertminderung angeschafft worden, würden die AHK niedriger sein und ein Ausweis darüber nicht erlaubt sein. Es ist nicht hinzunehmen, dass die Höhe der AHK vom Zeitpunkt der Beschaffung abhängt.

In der Bilanz der informationsorientierten Kapitalerhaltung sollen möglichst entscheidungsnützliche Informationen bereitgestellt werden, wobei stille Reserven nicht zulässig sind. Folglich ist zu überlegen, ob Grundstücke zum Zeitwert bewertet werden sollten. Unternehmen erzielen ihren Gewinn grundsätzlich nur aus Umsatzprozessen. Deswegen sollten nur solche Vermögensgegenstände zum Fair Value bewertet werden, welche in Zukunft einen Umsatzprozess erfahren werden. Da Grundstücke keiner Abnutzung unterliegen, werden sie aller spätestens bei Liquidation verkauft. Daher ist ein Ansatz zum Zeitwert verpflichtend.[102]

Latente Gewinne oder Verluste entstehen, wenn der Zeitwert von den AHK bzw. den wertgeminderten AHK gemäß der Kapitalerhaltung abweicht. Wurde einmal eine Wertminderung in der GuV vorgenommen, darf diese dort bei Wertaufholung nicht wieder rückgängig gemacht werden. Daher fallen latente Gewinne dann um diese einst ergebniswirksam vorgenommene Wertminderung höher aus.

---

[102] Vgl. Baus, Josef (2003), S. 214.

Ein Zahlenbeispiel wird die Bilanzierung von Grundstücken in der informationsorientierten Kapitalerhaltung verdeutlichen:

≡ *Ein Grundstück wird für 1.000 T € angeschafft. Im 2. Jahr fällt dessen Wert auf 900 T € und erholt sich im 3. Jahr auf 1.200 T €. Das Unternehmen beschließt, das Grundstück im 4. Jahr zum aktuellen Wert von 1.300 T € zu verkaufen:*

In der Bilanz ist immer der aktuelle Wert anzusetzen. Die Wertschwankungen sind alle im latenten Ergebnis zu erfassen. Trotz dass der Wert im 2. Jahr unter die AHK fällt, ist diese Wertminderung nicht erfolgswirksam, da sie nur von kurzer Dauer ist.

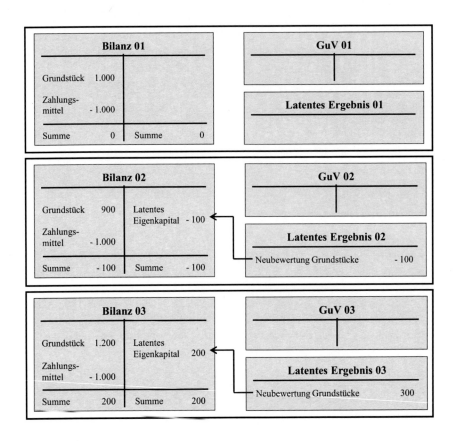

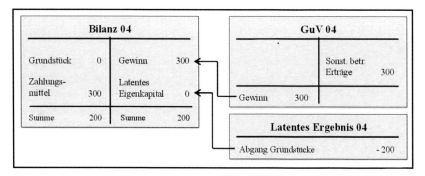

Abbildung 6.2: Zahlenbeispiel Grundstücke

Im letzten Jahr müssen bisher gebuchte latente Gewinne zurückgenommen werden, da sie sich jetzt durch den Umsatzprozess realisiert haben. Der realisierte Gewinn wird als sonstiger betrieblicher Ertrag in Höhe von 300 T € gebucht (= Verkaufserlös - AHK). Er setzt sich aus den bisherigen latenten Gewinnen von 200 T € und der Wertsteigerung im letzten Jahr von 100 T € zusammen. Die Zahlungsmittel nehmen um 1.300 T € zu und das Grundstück muss aus der Bilanz ausgebucht werden.

Die Buchungssätze aus dem letzten Jahr lauten:

Zahlungsmittel	1.300 T €	an	Sonst. betr. Erträge	100 T €
			Grundstücke	1.200 T €

Abgang Grundstücke (latentes Ergebnis)	200 T €	an	Sonst. betr. Erträge	200 T €

6.2 Bilanzierung von langfristigen Fertigungsaufträgen

Fertigungsaufträge sind Verträge über eine kundenspezifische Produktion. Langfristige Fertigungsaufträge werden dadurch charakterisiert, dass der Beginn und das Ende des Herstellungsprozesses der Auftragsfertigung in verschiedenen Geschäftsjahren liegen. Dabei beginnt das leistungserstellende Unternehmen seine Produktionsabwicklung erst aufgrund eines eingegangenen Kundenauftrages. Folglich hat das produzierende Unternehmen bereits zum Produktionsbeginn einen Abnehmer, weshalb kein Verwertungsrisiko mehr besteht. Ein langfristiger Fertigungsauftrag umfasst die gesamte

Wertschöpfungskette von der Forschung und Entwicklung über die Planung bis zur Fertigstellung. Typische Beispiele für langfristige Fertigungsaufträge sind Bauten in der Bauindustrie, Schiffsbau, Brückenbau und Tunnelbau, Erstellung von Großanlagen und kompletten Werksanlagen und der Bau von Kraftwerken etc. Das Hauptrisiko des leistungserstellenden Unternehmens besteht in einer möglichen Kostenüberschreitung über den Verkaufserlös, da die Kosten oft nicht so frühzeitig aufgrund der Einmaligkeit, Individualität und Komplexität der zu erstellenden Leistung genau eingeschätzt werden können.[103]

Bei langfristigen Fertigungsaufträgen kommt es oft vor, dass sich die Leistungserstellung über Jahre hinweg zieht, aber die Übergabe des Produktes an den Auftraggeber erst nach Fertigstellung erfolgt. Der Gefahrenübergang findet daher erst im letzten Jahr des Fertigungsauftrages statt. Somit stellt sich die Frage, ob ein Fertigungsauftrag erst mit seiner Realisation zum Gewinnausweis führen darf oder ob eine Teilgewinnrealisierung, welche den Gewinn auf die Fertigungsperioden verteilt, geboten ist. Wie sich in diesem Kapitel zeigen wird, findet die informationsorientierte Kapitalerhaltung eine für alle Beteiligten adäquate Lösung.

6.2.1 Bilanzierungsmethoden gemäß HGB und IFRS

Das Handelsrecht gibt keine explizite Regelung zur Bilanzierung von Fertigungsaufträgen. Als Konsequenz sind die GoB und damit das Realisationsprinzip (§ 252 Abs. 1 Nr. 4 HGB) zugrunde zu legen. Der Gewinn aus Fertigungsaufträgen ist daher erst dann auszuweisen, wenn der Anspruch auf Gegenleistung so gut wie sicher zugegangen ist. Diese Quasi-Sicherheit wird erst mit der Abnahme des vollendeten Werkes durch den Auftraggeber und dessen Anerkennung der Leistung erfüllt. Die deutsche Rechtsprechung ist zu dem Entschluss gekommen, dass das Realisationsprinzip auch nicht durch die gebotene Vermittlung von Informationen über die tatsächliche Ertragslage des

---

[103] Vgl. Buch, Joachim (2003): Erfolgsrealisation bei langfristiger Auftragsfertigung: Auswirkungen von IAS und US-GAAP auf das Projektcontrolling?, in: Beate Kremin-Buch, Fritz Unger und Hartmut Walz (Hrsg.): Internationale Rechnungslegung: Aspekte und Entwicklungstendenzen, Band 4., Sternenfels, S. 108 und Winnefeld, Robert (2006): Bilanz-Handbuch: Handels- und Steuerbilanz, rechtsformspezifisches Bilanzrecht, bilanzielle Sonderfragen, Sonderbilanzen, IFRS/IAS/US-GAAP, 4. Aufl., München, S. 2026.

Unternehmens gemäß § 264 Abs. 2 Satz 1 HGB entkräftet wird.[104] Konsequenterweise sind Fertigungsaufträge nach Handelsrecht während der Fertigungszeit zu ihren AHK zu aktivieren und erst bei Abnahme ist der Abgang aus dem Vorratsvermögen zu buchen und ein Gewinn zu realisieren. Durch diese Praxis kann es zu Überschreitungen der tatsächlich vorgenommenen Aufwendungen über die aktivierten AHK kommen, was dann zu Auftragszwischenverlusten während der Fertigungszeit führt. Diese Bilanzierungsmethode nennt der Fachmann completed contract-Methode.

Unter strenger Einhaltung des Realisationsprinzips ist in einigen Fällen eine echte Teilgewinnrealisierung geboten. Für diese Methode wird der Gesamtauftrag in Teilleistungen zerlegt und nach ihrer Erbringung abgerechnet. Nach jeder Abnahme ist der dazugehörige Gewinn realisiert. Folgende Voraussetzungen für die echte Teilgewinnrealisierung sind einzuhalten:

- Die Abnahme einzeln abgrenzbarer Teilleistungen führt zum Anspruch auf eine Gegenleistung, der unabhängig von der Erbringung zukünftiger Leistungen ist.
- Es wurde keine Gesamtabnahme vereinbart, so dass auch kein Gesamtrisiko besteht. Es sollten also schon zu Beginn Teilabnahmen und Teilabrechnungen mit dem Kunden vereinbart sein.
- Die erbrachte Leistung muss von anderen Vertragsleistungen technisch, funktionell und rechtlich trennbar sein.[105]

Im Gegensatz dazu haben die IFRS bisher für die meisten Fälle eine Teilgewinnrealisierung entsprechend des Auftragsfortschrittes festgelegt. Im Gegensatz zur echten Teilgewinnrealisierung des Handelsrechtes ist diese Methode (= percentage of completion-Methode) unabhängig von Teilabnahmen. Die percentage of completion-Methode war bisher geboten, wenn das Gesamtergebnis gemäß IAS 11.22-24 verlässlich geschätzt werden konnte. War dies nicht möglich, so war die zero profit margin-Methode gemäß IAS 11.32 anzuwenden, welche während der Fertigungszeit Erträge in der Höhe

---

[104] Vgl. Wüstemann, Jens; Wüstemann, Sonja (2009): Betriebswirtschaftliche Bilanzrechtsforschung und Grundsätze ordnungsmäßiger Gewinnrealisierung für Werkverträge, in: ZfB, 79. Jahrgang, Nr. 1/2009, S. 36-37, S. 40.
[105] Vgl. Wüstemann, Jens; Wüstemann, Sonja (2009), S. 40-44.

der wahrscheinlich einbringbaren Auftragskosten berücksichtigt. Der Gewinn wird hier erst bei Abnahme ausgewiesen.

Zurzeit wird jedoch die Umsatzrealisierung der IFRS grundlegend reformiert. Im November 2011 hat das IASB den Standardentwurf ED/2011/6 „Revenue from Contracts with Costumers" veröffentlicht. Dieser erlaubt die Teilgewinnrealisierung von Fertigungsaufträgen nur dann, wenn der Kontrollübergang eines Gutes oder einer Dienstleistung auf den Kunden über einen bestimmten Zeitraum sattfindet.[106] Die genauen Kriterien zur Erfüllung eines zeitraumbezogenen Kontrollübergangs sind im ED/2011/6.35-36 festgehalten.[107]

6.2.2 Bilanzierungsmethoden zur Kapitalerhaltung

Als Bilanzierungsmethode, welche der Kapitalerhaltung gerecht wird, kommt in erster Linie die completed contract-Methode in Frage. Diese hält sich strikt an das Realisationsprinzip und verhindert somit den Ausweis unrealisierter Gewinne. Mit der Übergabe des Gesamtwerkes an den Auftraggeber, der dessen Funktionsfähigkeit durch die Abnahme anerkennt, ist der Fertigungsauftrag realisiert. Während der Fertigungszeit ist der Auftrag gemäß HGB zu seinen Herstellungskosten im Vorratsvermögen unter den unfertigen Erzeugnissen zu aktivieren.[108] Diese Vorgehensweise ist nach Meinung der Verfasserin dahingehend abzuwandeln, dass die vollen Selbstkosten, die zum jeweiligen Zeitpunkt entstanden sind, aktiviert werden. Denn nur so können Auftragszwischenverluste aufgrund der niedrigen Bewertung zu Herstellungskosten umgangen werden. Ein Ausweis von Auftragszwischenverlusten ist m.E. nicht gerechtfertigt, wenn aus dem Gesamtauftrag keine Verluste zu erwarten sind. Der Ausweis von Auftragszwischenverlusten ist in diesem Fall als übertriebene Vorsicht zu bewerten und für die Kapitalerhaltung nicht notwendig. Des Weiteren stünde der Aktivierung von Vertriebskosten nichts im Wege, da diese bei Fertigungsaufträgen bereits zu Beginn und nicht wie üblich am Ende der Produktion entstanden sind. Dementsprechend wird während den Fertigungs-

---

[106] Vgl. Kühne, Mareike; Schleis, Ingo (2012), S. 259 und 261.
[107] Vgl. Lühn, Michael (2012): Kritische Würdigung der Änderungen gegenüber dem ersten Standardentwurf: Re-Exposure Draft zur Umsatzrealisation von IASB und FASB, in: PiR, Nr. 1/2012, S. 10.
[108] Vgl. Coenenberg, Adolf G.; Haller, Axel; Schultze, Wolfgang (2012), S. 227.

perioden weder ein Gewinn noch ein Verlust ausgewiesen, was dann aber zu einem sprunghaften Gewinnausweis bei Abnahme der Leistung führt.

Mit Hilfe eines Zahlenbeispiels soll die Bilanzierung von langfristigen Fertigungsaufträgen unter Kapitalerhaltungsgesichtspunkten veranschaulicht werden. Auf dieses Beispiel wird auch in den folgenden Kapiteln zurückgegriffen, um so schrittweise die Lösung zur Bilanzierung von langfristigen Fertigungsaufträgen im Konzept der informationsorientierten Kapitalerhaltung zu erarbeiten.

≡ *Einem Unternehmen liegt ein Fertigungsauftrag über 3 Jahre vor. Die Selbstkosten belaufen sich auf jährlich 30 Mio. € und der Erlös, der aus dem Gesamtauftrag erzielt wird, beträgt 105 Mio €. Gemäß der completed contract-Methode mit Selbstkostenansatz sehen die Jahresabschlüsse der Perioden 1 - 3 wie folgt aus:*

Bilanz 01			
Unfertige Erzeugnisse	30	Gewinn	0
Zahlungsmittel	- 30		
Summe	0	Summe	0

GuV 01			
Aufwand (Fertigungs- auftrag)	30	Bestands- mehrung	30
Gewinn	0		

Bilanz 02			
Unfertige Erzeugnisse	60	Gewinn	0
Zahlungsmittel	- 60		
Summe	0	Summe	0

GuV 02			
Aufwand (Fertigungs- auftrag)	30	Bestands- mehrung	30
Gewinn	0		

Bilanz 03				GuV 03		
Unfertige Erzeugnisse	0	Gewinn	15	Aufwand (Fertigungs-auftrag)	30	Umsatzerlöse 105
Zahlungsmittel	-90			Bestands-minderung	60	
Forderungen	105					
Summe	15	Summe	15	Gewinn	15	

Abbildung 6.3: Zahlenbeispiel completed contract-Methode mit Selbstkostenansatz

Eine echte Teilgewinnrealisierung, die bereits in Kapitel 6.2.1 erläutert wurde, steht unter bestimmten Umständen nicht der Kapitalerhaltung entgegen. Die Methode erlaubt einen Gewinnausweis bereits während den Leistungserstellungsperioden, unter der Voraussetzung, dass dieser aufgrund einer Teilabnahme als realisiert beurteilt werden kann.[109] Durch die vereinbarten Teilabnahmen geht die Preisgefahr auf den Auftraggeber über. Dadurch wird die echte Teilgewinnrealisierung dem Realisationsprinzip gerecht, so dass die ausgewiesenen Teilgewinne auch an die Eigenkapitalgeber ausgeschüttet werden dürfen.[110]

6.2.3 Informationsorientierte Bilanzierungsmethode

Als Bilanzierungsmethode für langfristige Fertigungsaufträge, die zur besten Informati-on der Bilanzadressaten führt, gilt die percentage of completion-Methode als geeignet. Sie folgt dem Prinzip, den Gewinnausweis anteilig zum Leistungsfortschritt vorzuneh-men. Dadurch wird ein Gewinnsprung am Ende der Fertigung verhindert. Stattdessen wird der Gewinn mehr oder weniger gleichmäßig entsprechend dem Fertigungsfort-schritt auf die Jahre verteilt. Um dies zu erreichen, werden die unfertigen Erzeugnisse nicht nur zu den bisher aufgelaufenen Selbstkosten bilanziert, sondern zusätzlich wird

---

[109] Vgl. Coenenberg, Adolf G.; Haller, Axel; Schultze, Wolfgang (2012), S. 230.
[110] Vgl. Winnefeld, Robert (2006), S. 2033.

der Gewinnanteil der Periode, welcher sich aus dem Fertigstellungsgrad ergibt, dazuge-rechnet.

Diese Vorgehensweise kann ein realitätsnäheres Bild der wirtschaftlichen Lage eines Unternehmens vermitteln als die zuvor vorgestellte completed contract-Methode. Sind die Auftragskosten und -erlöse zum Bilanzierungszeitpunkt nicht hinreichend genau schätzbar, muss gezwungenermaßen auf die completed conrtact-Methode mit Selbstkos-tenansatz zurückgegriffen werden.[111]

Zur Verdeutlichung der Funktionsweise der percentage of completion-Methode wird das Zahlenbeispiel aus Kapitel 6.2.2 wiederaufgenommen:

≡ *Einem Unternehmen liegt ein Fertigungsauftrag über 3 Jahre vor. Die Selbstkosten belaufen sich auf jährlich 30 Mio. € und der Erlös, der aus dem Gesamtauftrag er-zielt wird, beträgt 105 Mio €. Die Leistungserstellung erfolgt gleichmäßig, so dass in jedem Jahr 1/3 des Auftrages abgearbeitet wird. Daher verteilt sich auch der Gewinn von insgesamt 15 Mio. € gleichmäßig auf die Fertigungsjahre. Gemäß der percenta-ge of completion-Methode sehen die Jahresabschlüsse der Perioden 1 - 3 wie folgt aus:*

Bilanz 01			
Unfertige Erzeugnisse	35	Gewinn	5
Zahlungsmittel	- 30		
Summe	5	Summe	5

GuV 01			
Aufwand (Fertigungs-auftrag)	30	Bestands-mehrung	35
Gewinn	5		

[111] Vgl. Coenenberg, Adolf G.; Haller, Axel; Schultze, Wolfgang (2012), S. 228-229.

Bilanz 02

Unfertige Erzeugnisse	70	Gewinnrück- lagen	5
Zahlungsmittel	- 60	Gewinn	5
Summe	10	Summe	10

GuV 02

Aufwand (Fertigungs- auftrag)	30	Bestands- mehrung	35
Gewinn	5		

Bilanz 03

Unfertige Erzeugnisse	0	Gewinn- rücklage	10
Zahlungsmittel	- 90	Gewinn	5
Forderungen	105		
Summe	15	Summe	15

GuV 03

Aufwand (Fertigungs- auftrag)	30	Umsatzerlöse	105
Bestands- minderung	70		
Gewinn	5		

Abbildung 6.4: Zahlenbeispiel percentage of completion-Methode

6.2.4 Langfristige Fertigungsaufträge in der informationsorientierten Kapitaler- haltung

In der informationsorientierten Kapitalerhaltung geht es nun darum, beide oben aufge-zeigten Konzepte, also die Kapitalerhaltung und die Informationsorientierung, in einem Jahresabschluss zu vereinen. Der Gedanke dabei ist, dass in der GuV nur die tatsächlich realisierten Gewinne, welche auch zur Ausschüttung herangezogen werden können, ausgewiesen werden. Im Falle der langfristigen Fertigungsaufträge ist also das Realisa-tionsprinzip geboten. Währenddessen ist die Bilanz zur Einhaltung der Informationsin-teressen der Jahresabschlussadressaten angehalten. Diese wird durch die Aktivierung von Fertigungsaufträgen zu ihren aufgelaufenen Selbstkosten zuzüglich der diesen zuzuordnenden Gewinnanteile und durch die Verteilung der Gewinne als sogenannte latente Gewinne auf die Fertigungszeit erreicht. Folglich wird durch die neuen Positio-nen latentes Ergebnis und latentes Eigenkapital eine Verbindung zwischen Bilanz und GuV hergestellt.

Die Funktionsweise des Konzeptes der informationsorientierten Kapitalerhaltung wird mit dem bekannten Zahlenbeispiel deutlich:

≡ *Einem Unternehmen liegt ein Fertigungsauftrag über 3 Jahre vor. Die Selbstkosten belaufen sich auf jährlich 30 Mio. € und der Erlös, der aus dem Gesamtauftrag erzielt wird, beträgt 105 Mio €. Die Leistungserstellung erfolgt gleichmäßig, so dass in jedem Jahr 1/3 des Auftrages abgearbeitet wird.*

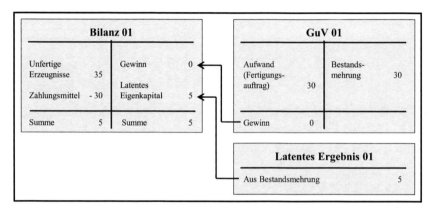

Abbildung 6.5: Zahlenbeispiel informationsorientierte Kapitalerhaltung - Periode 01

Die Vermögensseite der Bilanz ist identisch mit dem Vermögensausweis aus der percentage of completion-Methode. Dieser gegenüber steht die GuV, welche wiederum mit der Ergebnisrechnung aus der completed contract-Methode mit Selbstkostenansatz gleicht. In den ersten beiden Perioden gibt es noch keinen realisierten Gewinn, da dieser erst in der dritten Periode entsteht. Die latenten Gewinne aus der Periode 01 und 02 sind noch unrealisiert und sind identisch mit dem Gewinnausweis aus der percentage of completion-Methode. Durch ihr Ansatz und Übertrag in die Bilanz in die Position latentes Eigenkapital ist es möglich, die Bilanz auf beiden Seiten auszugleichen.

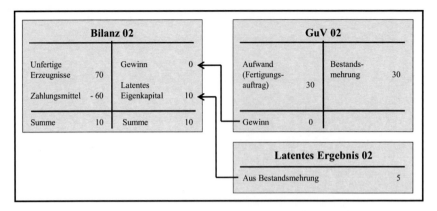

Abbildung 6.6: Zahlenbeispiel informationsorientierte Kapitalerhaltung - Periode 02

Erst in der dritten Periode entsteht der realisierte Gewinn, der ausschüttungsfähig ist. Das bisher aufgelaufene latente Eigenkapital muss zu diesem Zeitpunkt ausgebucht werden, da es sich realisiert hat. Diesen Prozess nennt man auch Recycling. Zu diesem Zweck wird eine Bestandsminderung von - 10 Mio. € im latenten Ergebnis gebucht.

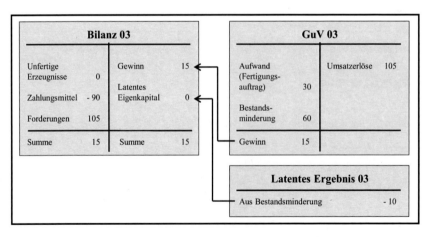

Abbildung 6.7: Zahlenbeispiel informationsorientierte Kapitalerhaltung - Periode 03

6.3 Bilanzierung von Mitarbeiter Know-how

6.3.1 Grundlagen zur Bilanzierung von Mitarbeiter Know-how

Sowohl nach HGB als auch nach IFRS ist der Ausweis von immateriellen Werten erheblich eingeschränkt. Dabei spielen diese gerade heute aufgrund der zunehmenden Ausrichtung hin zur Dienstleistungs- und Wissensgesellschaft eine wichtige Rolle. Durch die Nichtbilanzierung von immateriellen Werten werden erhebliche stille Reserven gelegt, welche jedoch im Konzept der informationsorientierten Kapitalerhaltung aufgedeckt werden sollten. Bisher nicht bilanzierungsfähige immaterielle Vermögenswerte wie z. B. Markennamen, Verlagsrechte, Kundenlisten oder auch Mitarbeiter Know-how stellen einen zukünftigen Nutzenwert dar und sollten daher für den Bilanzleser, der gerade am zukünftigen Ertragspotential interessiert ist, ersichtlich sein. Sie sind Bestandteile des originären Geschäfts- oder Firmenwertes. Im Gegensatz dazu ist nach bestehenden Regeln der derivative Geschäfts- oder Firmenwert, der durch den Kauf eines Unternehmens entsteht, zu bilanzieren. Der Grund der bisherigen Ungleichbehandlung geht auf die vermeintlich fehlende Objektivierbarkeit und Überprüfbarkeit des originären Geschäfts- oder Firmenwertes zurück. Dennoch ist diese nicht hinzunehmen.

Der offene Bilanzausweis immateriellen Vermögens ist sehr wichtig, weil sonst die dazugehörigen Ausgaben sofort in den Aufwand gehen und somit Unternehmen, die verstärkt solche Investitionen vornehmen, durch einen niedrigeren Gewinnausweis schlechter dastehen, als andere Unternehmen. Das ist nicht hinzunehmen, da investierende Unternehmen eine erhöhte Chance auf zukünftige Erfolge haben und somit bilanziell keinen Nachteil erlangen dürften.[112]

Die informationsorientierte Kapitalerhaltung bietet die Möglichkeit, bislang nicht bilanzierungsfähige immaterielle Vermögenswerte in der Bilanz auszuweisen und dennoch wie bisher die Ausgaben dafür sofort bei Entstehung erfolgswirksam in der GuV als Aufwand zu erfassen. Die Kapitalerhaltung kann dadurch gewahrt werden und

---

[112] Vgl. Baus, Josef (2003), S. 215-216 und Coenenberg, Adolf G.; Haller, Axel; Schultze, Wolfgang (2012), S. 177 und 185.

die Manipulation der Gewinnhöhe wird verhindert. Im latenten Ergebnis werden stattdessen die Gegenbuchung der Aktivierung und auch die darauf folgenden Abschreibungen der immateriellen Werte vorgenommen.[113] Wie die Bilanzierung von immateriellen Werten in dem Konzept der informationsorientierten Kapitalerhaltung konkret aussieht, soll am Beispiel von Mitarbeiter Know-how deutlich werden:

Das Mitarbeiter Know-how setzt sich aus dem gesamten Wissen der Mitarbeiter zusammen, also auch aus dem Wissen, das sie schon vor Eintritt in das Unternehmen erlangt haben. Mit der Einstellung eines Mitarbeiters hat sich also das Unternehmen Wissen „erkauft", welches jedoch überhaupt nicht objektiv bewertbar ist. Mit der regelmäßigen Entgeltzahlung werden Mitarbeiter nicht nur für ihre Leistungen an sich, sondern auch für die Einbringung ihres mitgebrachten Wissens bezahlt. Diese Entgeltzahlungen stellen regelmäßige Betriebskosten dar und werden daher nicht aktiviert. Übrig bleibt das neu erlernte Wissen der Mitarbeiter, wobei nur solches, das durch vom Unternehmen bezahlte Ausbildungs- und Weiterbildungsmaßnahmen erlangt wurde, tatsächlich objektiv bewertbar ist. Folglich ist es keineswegs möglich, den gesamten Umfang des Mitarbeiter Know-hows zu bilanzieren. Unter dem neuen Aktivposten „Mitarbeiter Know-how" in der informationsorientierten Kapitalerhaltung dürfen also nur vom Unternehmen übernommene Bildungsausgaben für Mitarbeiter ausgewiesen werden, da andere Werte nicht nachprüfbar wären.[114]

Weiterhin bleibt die Kritik, dass ein Unternehmen seine Mitarbeiter nicht zum Einsatz ihres Wissens zwingen kann. Unter der Annahme, dass diese grundsätzlich bereit sind, ihr gesamtes Wissen für ihre Tätigkeit im Unternehmen zu nutzen, ist dennoch die Bilanzierung von Mitarbeiter Know-how zu befürworten.[115]

In der Folgebewertung ist ein Ansatz zum Fair Value nicht objektiv durchführbar und aufgrund der Tatsache, dass Mitarbeiter Know-how in der Regel kein verkehrsfähiger Wert ist, nicht gewollt.

---

[113] Vgl. Baus, Josef (2003), S. 217-219.
[114] Vgl. Baus, Josef (2003), S. 215-216.
[115] Vgl. Sterzel, Jeannine (2011): Bewertungs- und Entscheidungsrelevanz der Humankapitalberichterstattung: Eine experimentelle Analyse aus der Perspektive privater Anleger, 1. Aufl., Wiesbaden, S. 30.

Das erlangte Wissen ist niemals von Dauer, da die Fortentwicklung von Wissenschaft und Technik zu dessen „Veralterung" führt. Somit ist Mitarbeiter Know-how ein abnutzbarer Wert und muss planmäßig abgeschrieben werden. Jede Branche unterliegt einem unterschiedlich schnellen Innovationsprozess, weswegen es sich anbietet, die Nutzungsdauer von Wissen für jede Branche fest vorzuschreiben.[116]

6.3.2 Anwendungsbeispiel zum Mitarbeiter Know-how

Ein Zahlenbeispiel macht die Rechnungslegung von Mitarbeiter Know-how in der informationsorientierten Kapitalerhaltung verständlich. Dazu scheint ein Beratungsunternehmen besonders geeignet, da auch für den Laien der Nutzen von Mitarbeiter Know-how in dieser Branche ersichtlich ist:

≡ *Eine Beratungsfirma investiert Anfang des 1. Jahres 320 T € in Bildungsmaßnahmen für seine Mitarbeiter. Die Rechnungslegung direkt nach den Bildungsmaßnahmen sieht wie folgt aus:*

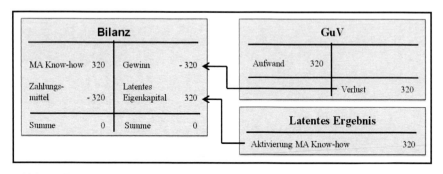

Abbildung 6.8: Zahlenbeispiel Mitarbeiter Know-how

---

[116] Vgl. Baus, Josef (2003), S. 218.

≡ *Dem Zahlenbeispiel wird die Annahme einer gesetzlich festgelegten Nutzungsdauer für das erlangte Wissen von 4 Jahren zugrunde gelegt. Im 1. und 2. Jahr hat das Unternehmen andere ergebniswirksame Aufwendungen von jeweils 1.000 T € und Umsätze von jeweils 1.300 T € vorgenommen. Die Jahresabschlüsse gestalten sich folgendermaßen:*

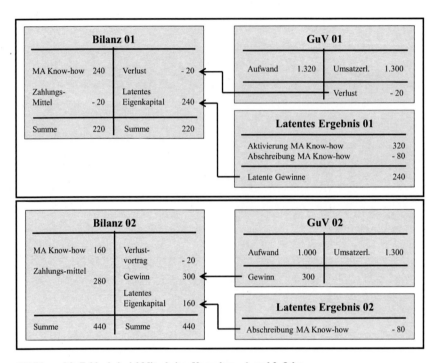

Abbildung 6.9: Zahlenbeispiel Mitarbeiter Know-how - 1. und 2. Jahr

Die Bilanzierung von Mitarbeiter Know-how bewirkt, dass die Ausgaben für Fort- und Weiterbildung in Form von Abschreibungen im latenten Ergebnis annähernd den Perioden zugeordnet werden, in denen der dazugehörige Umsatzprozess stattfindet bzw. in denen das Wissen tatsächlich durch Anwendung seinen Nutzen zeigt.

7. Betrachtung des Ergebnisausweises insbesondere latenter Gewinne

Der Ergebnisausweis in der informationsorientierten Kapitalerhaltung besteht aus der GuV, welche grundsätzlich nur realisierte Erträge und diesen zuzurechnenden Ausgaben in Form von Aufwendungen sowie vorwegzunehmende Verluste beinhaltet, und dem latenten Ergebnis. Gewinne des latenten Ergebnisses sind noch nicht realisiert. Sie sind aber in Zukunft realisierbar. Wenn latente Gewinne realisiert werden, so sind sie aus dem latenten Ergebnis auszubuchen und in die GuV umzugliedern. Dieser Vorgang wird Recycling oder auch clean surplus accounting genannt.

Gemäß den IFRS sind ergebnisneutrale Gewinne des OCI nicht immer ergebniswirksam über die GuV aufzulösen, sondern werden teilweise direkt in die Gewinnrücklage der Bilanz gebucht (= dirty surplus accounting).[117]

Das IASB hat im Juli 2011 eine Änderung des IAS 1 vorgenommen, welche jedoch in der EU noch nicht anerkannt (= endorsed) ist. Diese Änderung legt unter anderem fest, dass in der Darstellung des OCI die Ergebnisbestandteile, die zukünftig recycelt werden, von den nicht recyclingfähigen Bestandteilen getrennt aufzuzeigen sind.[118]

In das latente Ergebnis der informationsorientierten Kapitalerhaltung dürfen ausschließlich solche Gewinne gebucht werden, die in Zukunft mittels Umsatzprozesse realisiert werden. Das latente Ergebnis dient daher als Zwischenspeicher, da die enthaltenen Beträge zu einem anderen Zeitpunkt in voller Höhe in die GuV übergeführt werden. Sie sind aus diesem Grund ein Indikator für spätere Erfolgspotentiale und verbessern dadurch die Informationsfunktion des Jahresabschlusses.[119]

Eine getrennte Darstellung von recyclingfähigen und nicht zu recycelnden Gewinnen wie im IFRS macht hier deswegen keinen Sinn. Stattdessen ist zur weiteren Verbesserung der Informationsfunktion m.E. eine andere Differenzierung der latenten Gewinne abzuwägen. Es wäre möglich, „sofort realisierbare Gewinne" und „Zukunftsgewinne" zu unterscheiden.

---

[117] Vgl. Pellens, Bernhard u.a. (2011), S. 501.
[118] Vgl. Althoff, Frank (2012), S. 52.
[119] Vgl. Coenenberg, Adolf G.; Haller, Axel; Schultze, Wolfgang (2012), S. 1105.

Sofort realisierbare Gewinne sind jederzeit durch die Entscheidung zum Verkauf des jeweiligen Vermögensgegenstandes realisierbar. Dazu gehören daher alle latenten Gewinne, die durch die Zeitwertbewertung von Vermögensgegenständen, die entweder dem Betrieb nicht auf Dauer dienen oder die keiner betrieblichen Abnutzung unterliegen, entstehen. Zu diesen Vermögensgegenständen zählen beispielsweise Umlaufvermögen, Grundstücke und Finanzinstrumente.

Zukunftsgewinne entstehen nicht durch den Verkauf eines bestimmten Vermögensgegenstandes, sondern sind von Ereignissen oder Leistungen abhängig. Dieser Gruppe sind latente Gewinne aus der Aktivierung von immateriellen Werten zuzuschreiben. Sie führen zwar zukünftig zu Gewinnen, da schließlich Ausgaben für immaterielle Werte einen Nutzen bewirken werden, aber sie können keinem bestimmten Umsatzprozess zugeordnet werden. Beispiele für diese Gruppe sind Marketingmaßnahmen und Mitarbeiter Know-how. Marketingmaßnahmen zielen darauf ab, mehr Umsätze zu erwirtschaften, und führen daher zu Gewinnen in der Zukunft. Die Ausbildung von Mitarbeitern kann auf verschiedene Weise zu Gewinnen führen. Sie kann beispielsweise zu einem besseren Produktionsprozess führen, wodurch Kosten eingespart werden, zu besserer Qualität von Produkten, wodurch sich höhere Preise erzielen lassen, oder zu besseren Umgang des Personals mit Kunden, wodurch Verkaufszahlen gesteigert werden können. In Beratungsunternehmen fließt Mitarbeiterwissen in jeder Beratungsleistung für Kunden ein.

Gesondert auszuweisen wären latente Gewinne aus der Bilanzierung von Fertigungsaufträgen, da diese keiner der beiden Gruppen zuordenbar sind.

8. Abschließende Würdigung

8.1 Kritische Beurteilung der informationsorientierten Kapitalerhaltung

Nachdem die Funktionsweise des neuen Konzeptes der informationsorientierten Kapitalerhaltung ausführlich dargestellt wurde, ist dieses Konzept einer kritischen Beurteilung zu unterziehen.

Der überragende Vorteil des Konzeptes liegt darin, dass in nur einem einzigen Jahresabschluss sowohl die Zahlungsbemessungsfunktion als auch eine umfassende Information der Adressaten gleichermaßen berücksichtigt werden. Dies erleichtert die Rechnungslegung dahingehend, dass kapitalmarktorientierte Unternehmen ihren Konzern- und auch ihren Einzelabschluss den gleichen Rechnungslegungsregeln unterziehen können, und dass ihnen bei einer internationalen Anerkennung des neuen Konzeptes die Aufstellung einer Handelsbilanz II zur Konzernkonsolidierung erspart bleibt.

Durch die Bilanzierung von Vermögen, das einem Umsatzprozess zugänglich ist, zum beizulegenden Zeitwert und einer erweiterten Bilanzierung immaterieller Vermögenswerte können stille Reserven aufgedeckt werden. Bilanzadressaten haben dadurch die Möglichkeit, diese in die Beurteilung der Kreditwürdigkeit einzubeziehen. Insbesondere immaterielles Vermögen stellt ein hohes Erfolgspotential für die Zukunft dar. Darüber hinaus wird durch die Zeitwertbilanzierung das Manipulationspotential, das durch die verdeckte Auflösung stiller Reserven entsteht, eliminiert.

Trotz der Zeitwertbewertung an einigen Stellen kann die informationsorientierte Kapitalerhaltung gewährleisten, dass nur realisierte Gewinne ausgeschüttet werden. Das ist durch die Trennung der ausschüttungsorientierten GuV und dem latenten Ergebnis, welches als Zugriffssperre für unrealisierte Gewinne fungiert, möglich.

Des Weiteren wird die Abgrenzungs- bzw. Gewinnrealisierungsproblematik bei Fertigungsaufträgen und auch Mehrkomponentenverträgen[120] entschärft. Bei langfristigen Fertigungsaufträgen wurde in der Vergangenheit oft diskutiert, ob das Realisationsprinzip strikt zu befolgen ist oder ob eine Periodisierung des Gewinns zur Vermittlung eines den tatsächlichen Verhältnissen entsprechenden Bildes der Vermögens-, Finanz- und Ertragslage vorzunehmen ist. Bei Mehrkomponentenverträgen kommt die Frage auf, ob die Leistungen getrennt voneinander gesehen werden dürfen und daher Teilgewinne ausgewiesen werden dürfen. In der GuV der informa-tionsorientierten Kapitalerhaltung kann das Realisationsprinzip streng umgesetzt werden, während das latente Ergebnis zugleich die Verteilung der Gewinne auf die zuzuordnenden Perioden erlaubt.

Zuletzt trägt die informationsorientierte Kapitalerhaltung maßgeblich zur Vergleichbarkeit der Jahresabschlüsse bei, da Bilanzierungs- und Bewertungswahlrechte weitestgehend zurückgedrängt werden. Gleiche Sachverhalte sind immer gleich zu bilanzieren.

Wie bereits ausgeführt, wird durch das Konzept der informationsorientierten Kapitalerhaltung ein umfassenderer Ausweis immateriellen Vermögens möglich. Dies ist als Vorteil hervorzuheben. Dennoch kann die Bilanz immer noch nicht alle immateriellen Werte in vollem Umfang aufdecken, da ein großer Teil davon nicht objektiv bewertbar ist. Die Objektivierbarkeit gilt als Voraussetzung, um Vermögenswerte zu aktivieren, weil das Konzept sonst einen zu hohen Manipulationsspielraum für Unternehmen zuließe.

Im Vergleich zur herkömmlichen deutschen Bilanzierung entsteht mit der informationsorientierten Kapitalerhaltung ein erhöhter Erstellungsaufwand. Auch wenn in der Bilanz ein informationsorientierter Ansatz gewählt wird, muss der Bilanzersteller immer auch die Wertansätze zur Einhaltung der Kapitalerhaltung im Hinterkopf behalten, um im Ergebnisausweis zwischen realisierten und unrealisierten Gewinnen unterscheiden zu können. Dieser Mehraufwand würde jedoch nur solche Unternehmen betreffen, die

---

[120] Mehrkomponentenverträge sind entweder gemischte Verträge oder Vertragsverbindungen. Gemischte Verträge liegen vor, wenn ein Vertrag Leistungen enthält, die mehreren verschiedenen Vertragstypen angehören. Bei Vertragsverbindungen ist „die Erbringung von wirtschaftlich zusammengehörenden Leistungen in mehreren getrennten Verträgen vereinbart". [Kierzek, Sonja; Wüstemann, Jens (2007), S. 884.]

bisher ausschließlich nach HGB bilanzieren mussten. Stattdessen würden kapitalmarktorientierte Unternehmen, wie oben erläutert, entlastet.

Die Auswertung eines informationsorientierten und kapitalerhaltenden Jahresabschlusses ist komplexer und schwieriger als herkömmliche Abschlüsse aufgrund der umfangreicheren Informationen und der Ausrichtung auf mehrere Funktionen gleichzeitig, nämlich der Informationsvermittlung und der Kapitalerhaltung. Bilanzleser müssen lernen, damit umzugehen und richtige Schlüsse für ihre Entscheidungen zu ziehen.[121] Insbesondere Gläubiger könnten neben den beizulegenden Zeitwerten den bisherigen Wertansatz zu fortgeführten AHK vermissen.

8.2 Ausblick

Durch die zunehmende Internationalisierung wird die Aufmerksamkeit in Deutschland und innerhalb der EU verstärkt auf die verschiedenen existierenden Konzepte der Rechnungslegung (HGB, IFRS, US-GAAP etc.) gelenkt. Daraus resultieren vergleichende Betrachtungen dieser Konzepte, wodurch deren Vor- und Nachteile umso offensichtlicher werden.

Die Einführung der IFRS sollte zur internationalen Vergleichbarkeit von Jahresabschlüssen führen. Aber ihr Defizit, dass sie keine ausschüttungsfähigen Gewinne ermitteln, beschäftigt mittlerweile zahlreiche Fachleute. Diese Schwäche ist einer der Gründe, warum die Einzelabschlüsse in Deutschland nicht auf die IFRS umgestellt werden.

Die Herausforderung, dass Jahresabschlüsse entscheidungsrelevante Informationen einerseits zur Verfügung stellen sollen und andererseits auch festlegen sollen, welcher Betrag ausgeschüttet werden kann, ohne das Fortbestehen des Unternehmens zu gefährden, hat zu diversen Lösungsvorschlägen in den letzten Jahren geführt.

---

[121] Vgl. Schmidt, Ingo M. (2007): Ansätze für eine umfassende Rechnungslegung zur Zahlungsbemessung und Informationsvermittlung: Eine Analyse am Beispiel der Goodwill-Bilanzierung, 1. Aufl., Wiesbaden, S. 157.

Der populärste Ansatz ist der IFRS-Abschluss, der mit einem Solvenztest ergänzt wird. Zahlreiche Expertengruppen haben an der Ausgestaltung dieses Konzeptes gearbeitet. Bei allen Ergebnissen bleibt jedoch festzuhalten, dass der Solvenztest nicht objektiviert werden kann, da er auf der Einschätzung zukünftiger und damit unsicherer Ein- und Auszahlungen beruht. Als Konsequenz hat jedes Unternehmen einen erheblichen Ermessensspielraum zur Festlegung des ausschüttungsfähigen Betrages, welcher nicht hinzunehmen ist.

Die präferierte Lösung der der Autorin ist das Konzept der informationsorientierten Kapitalerhaltung, die in der Bilanz der Informationsfunktion nachkommt und in der GuV ausschließlich realisierte Gewinne zur Wahrung der Kapitalerhaltung ausweist. Die Brücke zwischen Bilanz und GuV bildet das latente Ergebnis, welches zusätzlich in Zukunft realisierbare Gewinne offen legt, die im Moment einer Ausschüttungssperre unterliegen. Ähnliche Konzepte wurden von Ingo M. Schmidt 2007 und von Prof. Dr. Joachim Heinrichs 2008 aufgestellt. Schmidt hat die multifunktionale Fair-Value-Bilanz entwickelt, welche unrealisierte Gewinne in der Neubewertungsrücklage von realisierten Gewinnen separiert und in der Bilanz sowohl die fortgeführten AHK als auch durch Einführung eines Fair-Value-Ergänzungskontos den Fair Value offen legt (mit Ausnahme der liquiden Mittel).[122] Heinrichs Konzept beruht auf einem IFRS-Abschluss, welcher zusätzlich über ein Sperrkonto für unrealisierte Gewinne als Unterkonto der GuV verfügt. Hierbei sind die unrealisierten Gewinne also im sonstigen Ergebnis (OCI) und auf dem Sperrkonto der GuV zu finden.[123] Die Existenz ähnlicher Lösungsansätze bekräftigt die zukünftige Umsetzungsfähigkeit der informationsorientierten Kapitalerhaltung.

Das Bestreben zur Harmonisierung und Internationalisierung von Jahresabschlüssen breitet sich zunehmend auch auf die Steuerbilanzen aus. Die EU arbeitet an einem Konzept, welches die Harmonisierung der steuerlichen Gewinnermittlung zum Ziel hat. Die EU-Kommission hat am 16.03.2011 einen Entwurf einer Richtlinie zu einer „Gemeinsamen Konsolidierten Körperschaftssteuer-Bemessungsgrundlage" vorgelegt.

---

[122] Vgl. Schmidt, Ingo M. (2007), S. 133-158.
[123] Vgl. Heinrichs, Joachim (2008), 425-427.

Dieser läuft darauf hinaus, dass weiterhin eine Steuerbilanz getrennt von der Bilanz zur Offenlegung aufgestellt werden muss.[124]

M.E. ist stattdessen abzuwägen, ob Steuern in Zukunft auf Grundlage des ausschüttungsfähigen Gewinns eines informationsorientierten und kapitalerhaltenden Jahresabschlusses ermittelt werden könnten. Denn so wäre eine maximale Entlastung von Unternehmen bei der Rechnungslegung möglich. Schon 2002 schlug Walther Busse von Colbe vor, dass die etablierten GoB des HGBs als gesetzliche Grundlage zur Gewinnbesteuerung festgelegt werden.[125] Auch Ingo M. Schmidt plädiert für die Schaffung eines konsequenten Maßgeblichkeitsprinzips, so dass gewinnabhängige Steuern anhand seines entwickelten Konzeptes bemessen werden können. Schließlich ist es auch nicht zu rechtfertigen, dass der Staat als Teilhaber am Unternehmenserfolg besser gestellt wird als andere Gewinnanspruchsgruppen. Die Steuerermittlung könnte gemäß Schmidts Meinung auf der Grundlage des im Jahresabschluss ausgewiesenen realisierten Gewinnes und gegebenenfalls einer weiteren außerbilanziellen Ergänzungsrechnung nach nationalen Vorgaben erfolgen.[126]

Abschließend wird klar, dass die Rechnungslegung nicht nur in der Vergangenheit laufenden Veränderungen unterlag, sondern auch in Zukunft einen weiten Entwicklungsweg zu ihrer Optimierung und auch internationalen Harmonisierung vor sich hat.

---

[124] Vgl. Herzig, Norbert (2012): Perspektiven der Ermittlung, Abgrenzung und Übermittlung des steuerlichen Gewinns, in: Der Betrieb, 65. Jahrgang, Nr. 1/2012, S. 1-9.
[125] Vgl. Colbe, Walther Busse von (2002), S. 169.
[126] Vgl. Schmidt, Ingo M. (2007), S. 190-193.

Literaturverzeichnis

Althoff, Frank (2012): Einführung in die internationale Rechnungslegung: Die einzelnen IAS/IFRS, Wiesbaden.

Auer, Benjamin; Schmidt, Peer (2012): Buchführung und Bilanzierung: Eine anwendungsorientierte Einführung, 1. Aufl., Wiesbaden.

Baetge, Jörg; Kirsch, Hans-Jürgen; Solmecke, Henrik (2009): Auswirkungen des BilMoG auf die Zwecke des handelsrechtlichen Jahresabschlusses, in: Die Wirtschaftsprüfung, 62. Jahrgang, Nr. 24/2009, S. 1211-1222.

Bansbach, Florian; Dornbach, Eike; Petersen, Karl (2012): IFRS Praxishandbuch: Ein Leitfaden für die Rechnungslegung mit Fallbeispielen, 7. Aufl., München.

Baus, Josef (1999): Bilanzpolitik: Internationale Standards - Analyse, 1. Aufl., Berlin.

Baus, Josef (2003): Wohin treibt die deutsche Rechnungslegung?, in: Beate Kremin-Buch, Fritz Unger und Hartmut Walz (Hrsg.): Internationale Rechnungslegung: Aspekte und Entwicklungstendenzen, Band 4., Sternenfels, S. 187-221.

Brandt, Eva; Jödicke, Dirk; Richard, Marc (2007): Solvenztest, in: Die Betriebswirtschaft, 67. Jahrgang, Nr. 3/2007, S. 357-361.

Buch, Joachim (2003): Erfolgsrealisation bei langfristiger Auftragsfertigung: Auswirkungen von IAS und US-GAAP auf das Projektcontrolling?, in: Beate Kremin-Buch, Fritz Unger und Hartmut Walz (Hrsg.): Internationale Rechnungslegung: Aspekte und Entwicklungstendenzen, Band 4, Sternenfels, S. 107-142.

Coenenberg, Adolf G.; Haller, Axel; Schultze, Wolfgang (2009): Jahresabschluss und Jahresabschlussanalyse: Betriebswirtschaftliche, handelsrechtliche, steuerrechtliche und internationale Grundsätze - HGB, IFRS, US-GAAP, 21. Aufl., Stuttgart.

Coenenberg, Adolf G.; Haller, Axel; Schultze, Wolfgang (2012): Jahresabschluss und Jahresabschlussanalyse: Betriebswirtschaftliche, handelsrechtliche, steuerrechtliche und internationale Grundsätze - HGB, IAS/IFRS, US-GAAP, DRS, 22. Aufl., Stuttgart.

Coenenberg, Alexandra (2007): Solvenztest statt Mindestkapital - Zukunft des bilanziellen Kapitalschutzes, in: PiR, 3. Jahrgang, Nr. 10/2007, S. 275-280.

Colbe, Walther Busse von (2002): Entwicklungsperspektiven der Rechnungslegung in Deutschland: Die deutsche Rechnungslegung vor einem Paradigmawechsel, in: Zfbf, Nr. 54/2002, S. 159-172.

Deitermann, Manfred; Rückwart, Wolf-Dieter; Schmolke, Siegfried (2010): Industrielles Rechnungswesen IKR: Finanzbuchhaltung, Analyse und Kritik des Jahresabschlusses, Kosten- und Leistungsrechnung: Einführung und Praxis, 38. Aufl., Braunschweig.

Döring, Ulrich; Wöhe, Günter (2008): Einführung in die allgemeine Betriebswirtschaftslehre, 23. Aufl., München.

Eitzen, Bernd von; Zimmermann, Martin (2010): Bilanzierung nach HGB und IFRS, Weil im Schönbuch.

Federmann, Rudolf (2010): Bilanzierung nach Handelsrecht, Steuerrecht und IAS/IFRS: Gemeinsamkeiten, Unterschiede und Abhängigkeiten - mit über 180 Abbildungen, 12. Aufl., Berlin.

Haaker, Andreas (2009): Zur Zukunft der Kapitalerhaltung – IFRS und Solvenztest statt HGB-Abschluss?, in: Zeitschrift für das gesamte Genossenschaftswesen (ZfgG), 59. Jahrgang, Nr. 3/2009, S. 198-218.

Haaker, Andreas; Hoffmann, Wolf-Dieter (2009): Eignung der IFRS für Ausschüttungszwecke?, in: PiR, Nr. 6/2009, S. 172-173.

Heinrichs, Joachim (2008): IFRS - Eignung für Ausschüttungszwecke?, in: BFuP, 60. Jahrgang, Nr. 5/2008, S. 415-432.

Herzig, Norbert (2012): Perspektiven der Ermittlung, Abgrenzung und Übermittlung des steuerlichen Gewinns, in: Der Betrieb, 65. Jahrgang, Nr. 1/2012, S. 1-9.

HGB (2011): Handelsgesetzbuch: Ohne Seehandelsrecht, mit Publizitätsgesetz, Wechselgesetz und Scheckgesetz, 52. Aufl., Stand: 08. September 2011, München.

IFRS (2011): Aktuelle IFRS-Texte 2011: Textausgabe Deutsch - Englisch: IFRS, IFRIC, IAS, SIC, Stand 1. Mai 2011, München.

Kierzek, Sonja; Wüstemann, Jens (2007): Normative Bilanztheorie und Grundsätze ordnungsmäßiger Gewinnrealisierung für Mehrkomponentenverträge, in: Zfbf, 59. Jahrgang, S. 882-913.

KPMG AG Wirtschaftsprüfungsgesellschaft (Hrsg.) (2012): IFRS visuell: Die IFRS in strukturierten Übersichten, 5. Aufl., Stuttgart.

Krapf, Jana; Schürmann, Jochen (2008): Solvenztest: Ausschüttungsbemessung und Gläubigerschutz, Berlin.

Kühne, Mareike; Schleis, Ingo (2012): Geplante Neuregelung der Umsatzrealisierung nach IFRS: Erneuter Standardentwurf des IASB (ED/2011/6 "Revenue from Contracts with Costumers"), in: Die Wirtschaftsprüfung, 65. Jahrgang, Nr. 5/2012, S. 259-263.

Küting, Karlheinz (2010): Zeitenwende in der Rechnungslegung - Herausforderungen und Chancen, in: Karlheinz Küting, Norbert Pfitzer und Claus-Peter Weber (Hrsg.): IFRS und BilMoG: Herausforderungen für das Bilanz- und Prüfungswesen, Stuttgart, S. 1-5.

Küting, Karlheinz; Lauer, Peter (2010): Der Fair Value in der Krise: Abbild und Wirkung, in: Karlheinz Küting, Norbert Pfitzer und Claus-Peter Weber (Hrsg.): IFRS und BilMoG: Herausforderungen für das Bilanz- und Prüfungswesen, Stuttgart, S. 269-294.

Küting, Karlheinz; Pfitzer, Norbert; Weber, Claus-Peter (2011): IFRS oder HGB?: Systemvergleich und Beurteilung, Stuttgart.

Leffson, Ulrich (1987): Die Grundsätze ordnungsmäßiger Buchführung, 7. Aufl., Düsseldorf.

Lühn, Michael (2012): Kritische Würdigung der Änderungen gegenüber dem ersten Standardentwurf: Re-Exposure Draft zur Umsatzrealisation von IASB und FASB, in: PiR, Nr. 1/2012, S. 8-16.

Moxter, Adolf (2003): Grundsätze ordnungsgemäßer Rechnungslegung, Düsseldorf.

Pellens, Bernhard u.a. (2011): Internationale Rechnungslegung: IFRS 1 bis 9, IAS 1 bis 41, IFRIC-Interpretationen, Standardentwürfe, 8. Aufl., Stuttgart.

Schmidt, Ingo M. (2007): Ansätze für eine umfassende Rechnungslegung zur Zahlungsbemessung und Informationsvermittlung: Eine Analyse am Beispiel der Goodwill-Bilanzierung, 1. Aufl., Wiesbaden.

Schultz, Volker (2011): Basiswissen Rechnungswesen: Buchführung, Bilanzierung, Kostenrechnung, Controlling, 6. Aufl., München.

Solmecke, Henrik (2009): Auswirkungen des Bilanzrechtsmodernisierungsgesetzes (BilMoG) auf die handelsrechtlichen Grundsätze ordnungsmäßiger Buchführung, Düsseldorf.

Sterzel, Jeannine (2011): Bewertungs- und Entscheidungsrelevanz der Humankapitalberichterstattung: Eine experimentelle Analyse aus der Perspektive privater Anleger, 1. Aufl., Wiesbaden.

Weber, Jürgen; Weißenberger, Barbara E. (2010): Einführung in das Rechnungswesen: Bilanzierung und Kostenrechnung, 8. Aufl., Stuttgart.

Winnefeld, Robert (2006): Bilanz-Handbuch: Handels- und Steuerbilanz, rechtsformspezifisches Bilanzrecht, bilanzielle Sonderfragen, Sonderbilanzen, IFRS/IAS/US-GAAP, 4. Aufl., München.

Wöltje, Jörg (2007): Trainingsbuch IFRS: Von der Umstellung auf IFRS bis zur fertigen Bilanz, 1. Aufl., München.

Wüstemann, Jens; Wüstemann, Sonja (2009): Betriebswirtschaftliche Bilanzrechtsforschung und Grundsätze ordnungsmäßiger Gewinnrealisierung für Werkverträge, in: ZfB, 79. Jahrgang, Nr. 1/2009, S. 31-58.